Ⓢ新潮新書

石戸 諭
ISHIDO Satoru

「嫌われ者」の正体

日本のトリックスター

1065

新潮社

プロローグ　幼稚な極論に抗うために

気がつくと「ややこしい人物」「ややこしい事象」を追いかける日々が始まっていた。毎日新聞でキャリアをスタートした私の記者時代はまだオーソドックスな取材をしていたように思う。社会部あるいは支局でも事件取材が長かったので、事件や災害があれば真っ先に駆けつけるように言われた。私がマスメディア業界では早い段階からSNSを使っていたことを周囲の記者連中からは奇異な目で見られたが、今から振り返ればまったくもって普通なことだった。そこからアメリカ発のインターネットメディアのニュース部門に立ち上げから加わることになるが、そこでもやっていたことは仕事の上では新聞社の延長線上にあった。

個人的な感覚ではあるが、新聞でやりたかったことを、より分量という枠や新聞独自の記事スタイルから解き放たれて、インターネットの世界ではより自由に取材した成果を表現できることに最大の魅力を感じていた。

しかし、そんな世界はあっという間に終わりを告げる。自由なはずだったインターネットの世界は、2010年代後半には政治的なスタンスやユーザーの価値観を突きつけられることになり、時の安倍晋三政権への賛否を軸にした〝分断〟の最前線になっていった。

ある選挙で野党の選挙戦略を批判した記事を出せば評価する声も届く一方で、「こんなメディアではなかった」「幻滅した」「安倍政権を叩《たた》けばいいのに」というコメントがそれなりにやってくるようになった。彼らが一体、どんなメディアだと思っていたのかはまったくわからないし、野党には野党の権力というのがあるはずなのだが、私が展開したかったような議論はおよそ成立しなかった。そんな状況下で記事を書けばどうしても擁護してくれる側の声に接近してしまう。自分たちの擁護をしてくれる人たちが気に入るように書かなければいけない……。

「自分の記事」ならばまだいい。だが、メディア全体の評価は一社員ライターで責任は取れない。私の意見でメディアの評価を下げてしまうのならば、合わせておいたほうがいい。無自覚にそう考えてしまう自分に気がついた私はどうしようもない虚脱感を抱えたまま、インターネットの世界から徐々に距離をとることになった。

新聞やネットメディアよりは自由に、もっと自分の名前で勝負ができる仕事はないものか。そう考えていたとき、一度だけ食事の席をともにした「文藝春秋」の編集者から一本の依頼がやってくる。

「締め切りまでの時間は短いが、玉川徹《たまかわとおる》について書いてほしい」

時代は新型コロナ禍の最初期であり、彼のコメントが日々社会をにぎわせていた。まったく面識はなかったが、確かにおもしろいものが書けるのではないかという予感だけはあった。

私は会社員記者をやめた後、インターネットメディアからニュース番組のコメンテーターをやってほしいという依頼がやってきて、何度か出演していた。ある時、その番組を見たという「羽鳥慎一モーニングショー」のスタッフから、玉川が夏休みを取るので、彼の代役として出てほしいという電話をもらった。生放送ということもあり、意気揚々とコメント用のメモを作っていったが、完全に返り討ちにあった。彼のアンチといってもいい視聴者にとっても、私はよく言えばお行儀のいいコメントを話すだけの人、悪く言えばテレビというメディアをまったくわかっていないつまらないド素人だったのだ。

玉川の一言は確かに大きな話題を呼んでいるが、それは彼の発言が批判として鋭いところを突いているからではないように思えた。なるほど確かに国の政策に対して批判的ではあるが、根拠が不確かなものも混ざっているし、現実的かと問えばそうではない発言も散見されたが、しかし、なぜか視聴者には突き刺さる。彼の一言一言をいわばファクトチェックのように検証するよりも、なぜ彼の言葉は無視できないように思ってしまうのか、という問いを立てたほうが核心に迫れるのではないか。それは喜怒哀楽という感情が伝播していくテレビというメディアの特性ともつながっているのではないか。そんなことを考えられると思ったのだ。

私のレポートは玉川を観察しながら、彼の周辺を取材することで、批判的な部分はあるにせよ極端なアンチの側にも、かといって全面的な擁護の側にも立たずに一つの事象として彼の言動の根幹を分析して描き出すというものだった。古典的な手法ではあったが、古いことがかえって新鮮に映ることもある。

彼のレポートを書いてからというもの定期的に、毀誉《きよ》褒貶《ほうへん》付きまとう人々、事象をテーマにしたルポの依頼が舞い込んできた。最初は滅多にやってこない仕事だから、と消極的な思いで引き受けていた面もあったが、いざ始めてみると私もまた彼らに取り憑かれたように取材にのめり込んでいった。その理由はいったいどこにあったのか。

彼らについて総じて言えるのは一部の熱狂的な支持者・擁護者と、何があっても批判をする熱量の高いアンチとの対立を生み出すことだ。アンチは絶対に認めようとしないが少なくない人々からの確かな支持と——人によっては、だが——一定の利益を獲得している。この本のなかで取り上げる元国会議員のガーシーこと東谷義和《ひがしたによしかず》のように、暴露系ユーチューバーから一転して刑事事件の被告人として裁かれた人物もいるにはいる。だが、彼もまた億単位の利益を生み出し、一時とは言え芸能人との派手な交友や暴露を元手にして我が世の春を謳歌したという事実は確かに残っている。

加えて、熱量を込めて語りたくなる存在であるということも挙げられる。市井《しせい》に生きる少なくない人々が彼らの存在について何かを語りたくなる。直接の利害関係はほとんどないのに、話題に上ることを欲し、何かを書き込みたくなってしまうくらい惹きつけられているのだ。


一介の社員コメンテーターとしてスタートし、時に致命的な間違いを発信しながらも

社会に確かな影響力を残した玉川徹――。

お笑い芸人から絵本作家に挑戦し、ファンとのビジネスコミュニティーを構築する一方で「信者ビジネス」だと批判を浴び続けている西野《にしの》亮廣《あきひろ》――。

YouTubeでの暴露を武器に、一部の熱烈な支持者からの期待を集めて参議院議員にまで上り詰めたガーシー――。

政界とのつながりが過剰なまでにクローズアップされた「旧統一教会」――。

政党として着実に支持を伸ばしながら、評価より感情的な反応が先行する「維新の会」と吉村洋文《よしむらひろふみ》――。

小ポピュリズム政党を率いる山本太郎《やまもとたろう》――。


本書は彼らを巡る動きを一貫して一つの「社会現象」として位置付けている。彼らは一体何者なのか？　その存在は何を意味しているのか。見えてくるのは社会を変えた夢の技術としてのインターネットの終焉と幼稚化する日本社会の姿である。ここに私がのめり込んだ理由がある。私は自分が抱えてきた疑問と彼らの現象を重ね合わせて取材レポートを書いていたのだ。

先にも記したように私が記者として仕事を重ねてきた2010年代はインターネットの夢が高らかに語られた時代だった。これまで既得権益を独占してきたマスメディアに取って代わり、ツイッター（現在はX）やフェイスブックといったSNSが新たな公共的議論の場になっていくという夢はいよいよ現実のものになっていくと思われた。しかし、現実的にはそうはならなかった。

2020年代の幕開けは間違いなく新型コロナ禍である。専門家の度重なる自粛の要請、繰り返された緊急事態宣言という政治決定、営業の自由にかけられた極端な社会制限と争点はあったが今となってはすべてが忘れられている。国内に限っても東京オリンピックの開催、安倍晋三元首相の銃撃事件と国葬、旧統一教会問題、旧ジャニーズ事務所の問題……といった社会を二分するような大きな問題が年に一度は起こるたびに、感情的な言葉の応酬が始まり、亀裂が深まっていき、やがて忘れられていくという光景を私たちは繰り返し見てきたはずだ。やや範囲を限定すれば、リベラル、保守問わず党派性の違いによる亀裂はもはや修復不能としか言いようがない状況になっている。

党派性が程度の低い〝論破〟を呼び寄せる。政治的な立場を問わず論客たちがインターネットを主戦場にして、いかに相手の主張がおかしく、〝私たち〟が正しいか、〝私たち〟の正論を主張する場面をたびたび目にするようになった。そこに多くの人々が吸い寄せられるようにして、何かを叩き続ける。今の極北は信念もなくただその場で勝てばいいという態度の横行だ。

新型コロナの流行がはじまってしばらく経ってからも頑強に「ゼロコロナを目指すべし」、現実的な対策をまったく無視して「東京オリンピックを中止せよ」、「旧統一教会が自民党をマインドコントロールしている」……。そんな主張が広がった。

ゼロコロナが破綻することは極端なまでのゼロコロナ政策を維持し続けた中国政府が見事なまでに証明してくれた。中国のような超がつくほどの管理社会であっても維持しきれなかった。これ以上、抑圧的な体制でなければ達成できない政策などダークファンタジーの世界でしかない。結果的に東京オリンピックは、一部ではあったが感染症対策の専門家が徹底的な管理をしたことで無事に運営することができた。

旧統一教会に至っては自民党からあっさりと切られ、過去の判例を超えた形で解散命令請求が出されることになった。彼らが多くの問題を抱えているのは事実である。とりわけ信仰の名のもとに進んだ人権侵害に目を背けることはあってはならないことだが、本当に自民党をコントロールしているのならば教団がもっとも窮地に陥ったときこそ政治的な影響力を発揮して然るべきだが、政治的にはまったくといっていいくらい結果を残せない弱い集団だった。

いずれもさしたる根拠もなかった荒唐無稽かつ社会を単純化している幼稚な主張だが、「これぞ正論」とSNSでも一定の支持を集めたことを忘れてはいけない。こうした支持者の間に〝私たち〟以外の考えを受け止める余裕は一切感じられなかった。

SNSは単に「今」を可視化したツールに過ぎなかったはずだ。今、何を考えている、どこにいる、誰といるといったことをリアルタイムで流すだけのものだった。常に流れていくタイムラインの中で、今は一瞬で過去になる。ここで公共的な議論や合意形成ができるといったこと自体が壮大な夢であり、夢と現実は往々にしてイコールで結ばれないものだ。

「《自分たちは絶対善の正しい存在、相手は絶対悪》という思考こそがカルト的な思考」と語ったのは本書に登場するカルト宗教団体に対峙する宗教家だったが、絶対的な解を示すカルト的思考と、インターネット上に蔓延する論破を喜ぶ思想はその幼稚性においてとても似通っている。現実と法を踏まえて政治的な妥協を繰り返しながら解決策を探っていく大人の知恵は後退し、より強く自身の主張を貫き、妥協を許すことなく、威勢の良い――その立場における――正論をぶちかますことだけに注力する幼稚な社会が今の日本だ。

本書で取り上げる人物の存在は時に時々の社会問題と共鳴しながら、日本社会に蔓延する幼稚性が露わになっていく現状を映し出す。単純かつ幼稚な「正論」ばかりがもてはやされる限り、メディア環境は不健全なままだ。

健全な大人の知恵を取り戻すことが私だけでできるとは思えないが、さしあたり私はわかりにくい彼らの存在を考えるためにシンプルな取材を試みることにした。登場する人物に直接、話を聞くことを軸にするオーソドックスな方法だけでなく、本人の取材が難しかった場合は周囲の証言を積み上げることで彫刻のようにその人が浮き彫りになる方法を採用したレポートもある。何を当たり前のことを、と思うかもしれないが、当たり前の取材を積み上げれば積み上げるほど単純化した結論には辿り着けないと思い知らされるからだ。

取材の長所はお互いに顔を合わせ（対面が叶わない場合はオンライン上であっても）、時間をかけて言葉を交わすことそれ自体に宿る。その中で、異なる意見を持つ者であっても、生身の状態で質問や意見を交わしていくうちに、お互いの違いだけでなく一致点であったり、似通ったりした点を見つけていく。一致点があるからこそ、人間は違いを認めることができる。違いを認め、互いに一定の敬意を払った先にしか多様性は生まれない。陣営にわかれ、攻撃的な言葉を投げつけ合う空間では、幼稚な知性から成長することは絶対にできない。

賛否が激しくぶつかり合う彼らの取材はどれ一つとっても簡単なものはなかったが、安易な賛意とも、幼稚な否定とも違う、存在する意味を描き出すという一点は私の中で一貫している。

あらためて主張しておこう。この一冊に幼稚な極論ばかりが蔓延《はびこ》る日本社会が見えてくる、と。

「嫌われ者」の正体　日本のトリックスター――目次

初出：玉川徹（「文藝春秋」２０２０年6月号）、西野亮廣（「文藝春秋」２０２１年8月号）、ガーシー（「文藝春秋」２０２３年5月号）、２０２２年の旧統一教会（「ニューズウィーク日本版」２０２２年9月13日号）、吉村洋文（「文藝春秋」２０２１年6月号、「ニューズウィーク日本版」２０２２年7月19日号）、山本太郎（「ニューズウィーク日本版」２０１９年11月5日号）。いずれも大幅に加筆、修正を施しました。

玉川徹

権力批判は最高の素材である

怒れる会社員

「怒りの代理人」――これはかつて玉川徹が自らを称して使っていた言葉である。日本で一番影響力のある〝会社員〟だったと言っていいだろう。注目を集めたのは新型コロナ禍の時だ。テレビ朝日、朝の看板番組「羽鳥慎一モーニングショー」（以下、「モーニングショー」）で連日、舌鋒鋭く故安倍晋三政権の新型コロナウイルス対策を批判した。行き過ぎた発言は一度や二度では済まないが、彼の怒りは文字通りの意味で視聴者を刺激し続けた。

彼の言葉に反感を持つ者もいれば、逆に熱烈に擁護する者も生み出す。

玉川はテレ朝の記者ではなく、ワイドショーを中心にキャリアを重ねてきた「社員」に過ぎない。2023年に定年退職を迎えたあと、フリーランスとして契約を結び直して出演を続けている。そんな一社員、元社員が連日コメンテーターを務めている「モーニングショー」の視聴率は、とにかく絶好調の一言である。

新型コロナ禍を完全な追い風として、2019年度の平均視聴率は9・6％を記録し、

2020年3月20日に記録した12・7%は19年度、同番組の最高視聴率となった。以降、いまいち数字が伸び悩んでいるという評価だった「モーニングショー」は、各局がずらりと主力を並べた朝のワイドショー競争で一気に勝ち組に上りつめた。テレビ局関係者からよく聞くのは「リニューアル」のリスクである。番組ごと、あるいは司会者、軸となる出演者を入れ替えることによって話題を作り新しい視聴者を呼び込むことができればいいが、今の視聴者も同時に離れてしまう可能性の方が高い。ある程度、時間をかけてじっくりと数字を獲得できればいいが、いつまでも我慢は続かない。結果、小規模なリニューアルを繰り返して一層の停滞がやってくる……。

あくまで業界の論理からみれば、という但し書きはつくにせよ、継続によって競争を勝ち上がった羽鳥—玉川体制はワイドショーの理想を体現したといっていいのだ。

転機となったのはやはり新型コロナ禍である。玉川は最初期から新型コロナの危険性を強調し、PCR検査を希望者に実施せよ、経済的な補償をせよと吠えに吠えた。その姿勢はときに専門家からも「あまりにいい加減だ」と批判されてきたが、情勢の変化を見事に捉えたことで評価も数字も変わりつつある。特に新型コロナ禍初期において、番組の勢いを決定づけたのは、国から名指しされた批判を跳ね返したことだ。2020年

3月4日放映回で「医療機関にマスクを優先配布せよ」と訴えた同番組内でのコメントに、厚生労働省や内閣官房はツイッターでここぞとばかりに反論した。

「厚生労働省では、感染症指定医療機関への医療用マスクの優先供給を行った」（同省ツイッターより）

このツイートは瞬く間に広がり、医療関係者や医療ジャーナリストが「国民の不安を煽るメディアには官僚たちもファクトを以《もっ》て対抗すべきだ」とこぞって支持した。ところが、この一件は厚労省の「敗北」で終わる。番組は各地の病院に取材し、マスクが届いていない実態を明らかにした。この事実を前に、同省は「行った」は言い過ぎた表現であることを認めた。

スタジオの玉川は意気揚々と「『優先供給を行った』というのは、普通に読めば過去形であり、マスクが届いているんだと受け取るのが当然」と語り、官僚に間違いを認めさせたことを誇った。彼が積極的に提言した「検査と隔離」の徹底は具体性や実現可能性に疑問が付されることはあっても、一部の専門家や野党の強い支持を獲得し、コアな支持者を捕まえた。そして、一度捕まえた視聴者はどんなことがあってもチャンネルを変えることはない。

「チーム玉川」の証言

玉川のような時に不遜で、時にあまりにリベラル的な態度は、インターネット上の反マスコミ感情と結びつき、決して歓迎されないものだ。しかし、彼は「テレ朝のワイドショーとしては、信じられない数字」（現役社員）とまで言わしめる結果を出す。一体なぜ？

私と玉川との間に直接の接点はない。新型コロナ禍が始まったばかりの頃、玉川にインタビューも申し入れたが、テレ朝サイドからは多忙を理由に断られた。そんな彼との唯一、接点らしい接点は彼が休暇中、たった一度ではあったが「代役」でコメンテーターを務めたことだ。

出演が終わり、SNS上で感想をチェックしていた。わざわざやる必要もないのだが、私も私で初めての出演に舞い上がっていたのだろう。そこで、極めて印象的なコメントを見つけた。プロフィールでも右派的な立場を鮮明にしているユーザーが天敵なはずの玉川がいないことを嘆き、私のことを「生きた声を聞いている気がしない」と批判していた。明確に言葉にすることはできなかったが、コメントそのものがなにか核心をついているように思えた。確かに私に拙さや緊張があったのは事実である。しかし、私の考えには玉川ほど強いリベラル色はないはずだ。つまり、私のほうが玉川を批判するユーザーと政治的な距離でいえば近くに位置しているはずなのだが、ユーザーにとってはそれこそが不満なのだ。彼らが求めているのは、自らが持つ何かを刺激してくれる存在だ。溜飲を下げてくれるような「怒り」、よりストレートに「怒り」をぶつけられる対象、極端と極端が共鳴しあうメディア空間を求めているのではないか。

国を向こうに回してでも、圧倒的な視聴率を叩き出し、アンチも熱望する生き生きとしたコメントを連発する男、テレビというメディアを熟知した男――。

玉川徹とは一体何者か。私の興味は俄然、強まっていった。

先にも記したように、玉川本人への取材は叶わなかったが、テレビ朝日の現役社員、OB、制作現場のスタッフが取材に応じてくれた。現役社員の中には通称「チーム玉川」の一員――というより〝右腕〟といってもいいだろう――として、彼と長年ワイドショーの現場で奮闘してきた元ディレクターらも含まれている。本人以上に肉声が表に出てこない裏方の証言と玉川の著作から、生粋のワイドショー屋、情報番組屋としての玉川の特徴を指摘することは、決して難しいことではないように思えた。さしあたり3点、指摘できる。

第1に一貫した反官僚主義、第2に信念と視聴率の折り合い、第3に野党気質である。玉川は1963年に生まれた。宮城県の名門、仙台二高から京都大学に進学し、農学部で農業工学を専攻し大学院にまで進んでいる。修士課程を終えて1989年にテレ朝に入社し、最初の配属先が「内田忠男モーニングショー」の芸能班だったことが人生を決定づけた。以降、ワイドショーを軸にキャリアを重ねてきた。

第1の特徴から見ていこう。玉川が一貫してこだわってきたテーマの一つは、官僚による税金の無駄遣いだ。彼を特徴づける「反官僚」の原点は、著作の中に見出せる。

繰り返し書いているエピソードがある。彼と同じ学科の学生には国家公務員試験I種、すなわちキャリア官僚を目指す者が3分の1ほどいた。時代はバブル景気にわいていた。彼からすれば高い給料とボーナス、引く手数多《あまた》の民間企業に比べて、国家公務員は薄給と給与に見合わない過酷な労働しかない職場に見えた。民間に行くのが当たり前の時代であるにもかかわらず、学生時代の特権とも言えるような遊びに興じることもなく高校生からの習性のように公務員試験に勤《いそ》しんでいる。民間企業の就職活動をしていた彼は、ある日、同級生になぜ公務員になるのか尋ねてみた。

「だって、恩給ももらえるし、天下りできるでしょ」

「それに若い時だって、民間に威張れるでしょ」

どこまで本意かはわからないが、この答えに、若き日の玉川はなんと利己的な動機なのかと愕然とする。高い志を持った者がいたとしても、多数派がこれでは少数派はやがて染まっていく。こんな動機で入省する連中が、国の政策を動かしていいのか。個人の小さな経験から、官僚への不信感を募らせた玉川は、やがてテレビの力を使って官僚と闘うことになる。もちろん、最初からできたわけではない。

現役テレ朝社員が述懐する――「ちょうど1990年代後半~2000年代の前半だったと記憶していますが、玉川さんは自分が担当していた番組で、自分のコーナーだけでいいからリポーターまでやりたいと言い始めました。自分が取材したことを自分で最後まで伝えたいということです。当時のワイドショーはリポーターとディレクターが一緒に取材に行き、リポーターがスタジオで報告するシステムが主流でしたが、玉川さんはディレクターだけで終わりたくないと言ったのです。一人二役で自分のネタを、自分でリポートしたいという思いが強かった。予算も浮くからということで最初は試しで始めてみたのです」

一つ補足すると番組としてはリポーター出演料の削減にもつながるし、玉川にとっては自分でこれだと取材したネタを、最後まで視聴者に伝えるという信念を叶えることができる。利害は一致していたということだ。そのとき、彼がターゲットにしたのが官僚だった。

彼がリポーターを志す時期に、官僚の大きな不祥事が立て続けに起きていた。大蔵省解体につながる98年の大蔵官僚〝ノーパンしゃぶしゃぶ〟接待汚職事件がその最たるものだ。銀行から接待を受けた官僚たちが新宿歌舞伎町のいかがわしい、しゃぶしゃぶ店で接待を受けていたことが発覚し計7人の逮捕・起訴に発展する事態になった。事件の進展とともに、当時大蔵大臣だった自民党保守派の大物、三塚《みつづか》博が辞任を表明する。結果として、由緒正しい「大蔵省」という名前は無くなり、財務省へと変わった。

国民も官僚たちは本当に税金を国のために使っているのか、と疑念を深めた時代であり、自民党も政権交代を目指していた野党・旧民主党も脱官僚を看板政策にして伸長していた。旧民主党が掲げた脱官僚主導はより広範な支持を獲得しつつあったが、それは「自民党をぶっ壊す」と叫んだ小泉純一郎政権の支持にもつながっていたし、オセロのように2009年の民主党政権の成立の底流にもなっていた。「官僚」に任せてはいけないという社会の感覚、大きな政治の潮流を玉川は摑んでいた。

当時民主党のホープだった枝野幸男（現在は立憲民主党）や、のちに名古屋市長を務めることになる河村たかしらと連携して、ワイドショーを舞台にして官僚の利権を追及した。タッグを組んだ枝野は「霞が関」に建設予定の新庁舎地下にプールを作る計画を批判し、官僚を論破するシーンは昼の帯番組「ワイド！スクランブル」で6％を超える視聴率を記録した。芸能や生活情報こそが数字を取れるという当時の常識を覆し、政治や社会的なイシューを扱う硬派ネタとしては十分すぎる結果に周囲は驚いた。数字をバックにつけて、官僚追及を続ける中で彼は最大の成果を手にいれる。

当時を知る制作スタッフの証言——「玉川さん最大の業績は、公務員宿舎の見直しでしょう。最初、玉川さんが番組の会議で『問題だ』と言っても、そこにいる誰も、その真価がわからなかった。玉川さんから言われて、下調べの取材を官僚にかけました。そこで『都心に公務員宿舎がある理由は危機管理のためだ』と言われたら、我々はそんなものかと納得してしまう。でも、玉川さんは再反論するためにさらなる取材に向かうんです」

彼の名を一躍有名にした、「スーパーモーニング」の名物コーナー「納得できない!」よろしく、玉川だけはこれに納得しなかった。テレビ朝日内の会議室で開かれる定例のスタッフミーティングで報告を受けた玉川は「危機管理という理由があることはわかる」と認めたが、凄んだ表情を崩さないまま反論に入る。

「公務員宿舎が霞が関まで歩いていけるところにあるというのならわかるよ。危機管理のためなんだろう。でも、なんで青山みたいな高級住宅街に作っておいて、家賃がたったの7万円なんだということだよ。だいたい青山から霞が関まで深夜にタクシーを使っても遠いだろう。青山にある理由がまったくわからない。あんなものは民間に売ってしまえばいいんだ」と熱弁をふるった。スタッフは誰も反論できないまま、追加の取材に入ったという。

玉川がリードする形で、番組では「南青山住宅」をターゲットに絞って取材を重ねる。そこで生まれたのが、テレ朝スタッフの間で今も「伝説のショット」と語り継がれる名場面だ。

2003年である。リポーター業も板についてきた玉川が、公務員宿舎の前で出てくる官僚に片っ端から声をかけて回った。その中に、声をかける前から全速力で走って取材を振り切った官僚がいた。玉川も玉川で「7万円ぐらいで住んでいるのはどういう気持ちですか?」などと問いかけながら、全力で追いかけていった。その姿をカメラマンも走りながら撮る。何も答えないが、官僚にもどこか後ろめたいものがあるのだろうと思わせる強い主張のあるショットが撮れていた。

時に、映像は言葉以上に文脈を雄弁に伝えるツールになる。現場で得た実感をスタジオに持ち込み、熱のこもった口調で怒りをつけくわえれば強力な特集が出来上がっていく。玉川は著書の中で、官僚を「ウイルス」やがん細胞に喩《たと》えている。ウイルス最大の悪行である「無駄遣い」を検証し、視聴者に投げかける——。玉川の基本的なスタンスと闘い方は約20年前には完成していた。一連の官僚批判は大きな反響を呼び、玉川は一つのポジションを確立した。

数字が取れなければ追われる

第2の特徴は「信念と視聴率の折り合い」である。玉川は豪放磊落《ごうほうらいらく》なように見えて、周囲にどのように見えるのかということを異様と言ってもいいほどに気にかけている。

より正確に言えば、自分がやりたいことをやるために必要なのは、「社員として数字を取り続ける」ことしかないと自覚している。時に強引な取材手法は、官僚や政治家と接点を持つテレ朝の政治部からも反発を買ってきた。2000年代前半に官僚批判を始めたとき、時の政治部長、つまり報道の本流側から直接呼び出されて枝野ら野党の政治家と一緒に取材することをたしなめられたこともあった。政治部としては社内では傍流に過ぎない玉川の取材に対して、時にネタ元にもなるような自民党や霞が関の官僚から暗に抗議が飛んでくるのだから、たまったものではない。政治部の抗議を理由に一社員である玉川を別の部署に飛ばすことは決して難しくないはずだが、それでも残ってきたのは彼が決定的な不祥事を回避しながら数字を残してきたからだ。

テレビ朝日出身でメディア研究者に転じた古川柳子《りゅうこ》によれば、ワイドショーの源流はテレビ朝日の前身の日本教育テレビで1964年に始まった「木島則夫モーニングショー」に遡ることができる。今でもメインキャスターの名を冠して続く「モーニングショー」において、日本独自の番組としてのワイドショーが確立された。

当初、番組の形式は「ワイドニュースショー」と呼ばれていた。ここで一つの疑問が浮かぶ。「ワイドショー」とは何と比較して「ワイド」なのかということだ。テレビの前身的な存在である新聞的な基準をもってしてニュースを伝えることが、ニュース番組には求められる。新聞的なニュースに関心を持っている人のためのニュースではなく、生活者にとってのニュースとは何かを問い、ウイングをワイドに広げるニュース番組こそワイドショーの原点にあった。「ワイド」とは制作陣も含めて、ニュースの視座を広げることを意味していた。

彼女も携わった「ニュースステーション」でも大切にしたのは、中学生を置いていかないことだったという。難しい時事問題であっても中学生がわかるように伝える。新聞も含めて本流にいる報道関係者からは「ニュースのワイドショー化」という批判もされたが、視聴者は新しい流れを支持した。ワイドショー的な視点とは、新聞と近接する報道局的なテレビの報道＝本流へ傍流から問い返すという側面を持つ。玉川の存在は「ワイドショー」の正統な伝統の中に位置付けることができるのだ。

振り返れば玉川にもまた傍流らしい思い切りと割り切りがあった。「チーム玉川」のミーティング、あるいは取材活動の中で、彼が何度も繰り返した言葉が二つあると当時のスタッフは振り返る。一つ目は「数字を取ること」だ。それも自分たちからのプロダクトアウトで数字を取ることだ。「自分は数字が取れなくなったら、すぐに地位を追われる」と玉川は周囲に語り、番組の平均視聴率ではなく、自身が担当するコーナー視聴率を特に気にかけていた。分単位でグラフ化される数字を意識して、自分がやりたいことをやり、かつ視聴者に響くにはどうしたらいいかを考える。それには視聴者からの疑問に答えるだけでは不十分で、視聴者が思いもよらないことを番組で提示しながら、それでも数字を取ることが必要だった。玉川が「無駄遣い」をテーマに官僚にフォーカスしたのもよく理解できる。本人の強い問題意識はあったにせよ、彼が意識していたのは数字でもあった。視聴者層を意識すれば大上段から大真面目に政治を語るよりも、自分たちの暮らしと比較して恵まれた住環境を与えられた官僚への怒りを日常的な感覚にまで「ワイド」にして語ったほうが響くと考えた結果だ。

二つ目が「事実だけは間違えるな」だ。自分がこう考えた、思ったという発言は少々飛ばし気味であっても視聴者はついてくる。しかし、基本となるデータやファクトに間違いがあれば、官僚はそこを徹底的に突き、番組で謝罪をすることになる。謝罪が幾度となく重なれば番組の信頼度は下がり、玉川自身の処分にもつながりかねない。ライフワークとしてきた官僚利権の追及は、そこで終わる。ともに仕事をした別の制作スタッフはこう分析していた。

「玉川さんがやりたいことは自分でネタを吟味して、取材を積み重ねてVTRを作り、自分の言葉を携えて、スタジオで生報告することに尽きる。テレビの反響の大きさをよく知っている。だからこそ、新しい環境は求めていない。絶対に定年までテレ朝をやめることはない」

彼の見方が正しかったことは、すでに事実が証明している。

権力批判は盛り上がる

新型コロナ禍で連日注目を集めたレギュラーコメンテーターというポジションはともすれば肝心の取材時間が減りそうだが、彼はどう受け入れたのか。これは第3の特徴である「野党気質」で説明できる。再び元「チーム玉川」の証言を取り上げておこう。彼は端的に語っている。

「玉川さんは権力を批判するほうが盛り上がるだろう、とよく語っていました。国と一緒のことを言うのではなく、その反対のことを堂々と言いたいのが玉川さんの気質です。あれだけ歩調を合わせているように見えた民主党も政権に就いたとたん、一転して堂々と批判していた」

彼がテレビで語っていることは時の政権との相対的なポジションで決まる。政権が右と言えば左だと言い、左だと言えば右だと主張する。玉川はワイドショーの構造をよく知っている。視聴者に受けるのは、知的で論理的に正しいお行儀良いコメントではない。コメンテーターには感情を表現することが想像以上に求められる。テレビという感情を伝播するのにこれ以上ないメディアにおいて、現代に彼以上にこうした役をこなせる人はいない。感情を伝えるのもまた役割なのだ。

最良の相棒であるMC羽鳥慎一は、特集をわかりやすく整理した大型パネルをもとに実に論理的なプレゼンテーションをする。あまり感情を表に出さない羽鳥のプレゼンは流麗ではあるが、論理やファクトだけでは人に伝わらないものがある。怒り、悲しみ、不安——時に過剰なまでに伝播しやすい感情を盛り込みコメントすることで初めて届く視聴者がいることを、玉川は体感的に知っている。それは科学的にも正しい。少なくない人々は、明確な間違いを指摘されても、自分の世界観に合わなければ、自らの世界観にさらに固執するというバイアスも持ち合わせている。

本章冒頭にも記したように新型コロナ問題でも、彼の主張にリベラル的な論理性や体系的な一貫性はまったくない。だからこそ、経済的な自由を重んじる識者たちが国家による私権制限への懸念を示していた緊急事態宣言についても、玉川は2020年4月7日の1回目宣言まで国が躊躇するならば「早く出せ」という立場を取れたし、出たら出たで「まだ国の対応が甘い」と、より厳しい対応を求めることも矛盾なく主張できた。

医療現場から批判された玉川の主張に最初期のPCR検査拡大論がある。新型コロナに感染しているか否か、症状の有無を問わず、とにかく希望者全員がいつでもすぐに検査を受けられるようにすべきだ、それが感染拡大の抑止につながる、という主張である。誰でも、いつでも、どこでも検査を受けることができれば、自ら隔離するし、心配な人は安心もできる。徹底的な検査と隔離によって感染は防げる、というわけだ。

こうした玉川を中心とする主張に対して、私の取材（「ニューズウィーク日本版」2020年8月4日号）に国の専門家分科会などに名を連ねてきた東北大学の押谷仁《おしたにひとし》教授は次のように語っていた。発言は2020年7月時点、新型コロナウイルスでいえばまだ最初期の時点であるということは断っておくが、玉川の発言も同時期のものだ。私は押谷の発言こそが重要だったと判断している。

「まずPCRを急速に拡充すれば、必ずクオリティーが低下する。クオリティーを担保できないままやると、偽陽性、偽陰性が多く出る可能性がある。民間や大学の研究室でもできるのでは、という話もあるが、患者に対してやるのと研究室にＰＣＲの機械があるのとは全く別問題だ。日本では、本来は患者の検体を扱えるのは臨床検査技師など国家資格を持った人だけだ。重要なのはいかに精度の高い検査をできるかということ。

当初から臨床の先生たちと、２００９年の新型インフルエンザのときの発熱外来の状況をつくってはいけない、と言っていた。みんな心配だからと検査センターに集まってくると、そこで3密状態になる。だが、『心配だから』と来る人の大半は感染していないわけだ。今（２０２０年7月時点）の東京も市中の感染リスクは非常に低い。感染リスクがあるのは、一部の盛り場や医療機関だ。感染リスクの低い人たちを含め多くの人が医療機関や検査センターに殺到することは絶対に避けなければいけない。また当初は陽性の人たちは軽症であっても法律上、限られた病床で隔離する必要があった。すると、入院調整をする保健所と医療現場に一気に負荷がかかる」

重要なのはここからだ。押谷は新型コロナウイルスの特性に言及しながら、玉川の言うような極論を戒めていた。

「（２０２０年7月当時、新型コロナウイルスに感染した）80%近くの人は誰にも感染させていないことが分かっている。十数%は1人にしか感染させていない。ごく一部の数%の人だけ、例外的に非常に多くの人に感染させる。だからこのウイルスは広がっている。つまり、大多数の誰にも感染させない人をいくら見つけても感染制御にはあまり意味がない。（中略）例えば国民全員PCRを毎日、2週間続けたとしても、今日陰性だった人が明日陽性になるかもしれず、その人は既に誰かにうつしているかもしれない。だから結局、国民全員PCRをやっても感染を制御できない」

理論的である。だが玉川の野党的な立場をとり、論争に絶対に負けないポジションからならば、押谷のように現場で奮闘する専門家の論理に対しても、「ならば政治の責任で検査体制を整えよ」という立場をとって発言が許されるのだ。批判のほうが言葉は効果的になり、感情を乗せていくことでさらに響く。

常に野党的なポジションから、その場の感情を乗せて、言葉を発することができること。これが「生きたコメント」の正体である。

時代を象徴するポピュリスト

私にはこうした玉川の姿勢は単純なリベラル派というよりも、ＳＮＳでシェアが広がっていく人々の立ち居振る舞いに近いように見えてしまう。右派であれ、左派であれ彼らは相対的に適切なポジションを取りにいって、一定の論理的な裏付けに加えて、あるいはそれ以上に気持ちを乗せたコメントを語る。この率直さこそが、玉川の「生きたコメント」への共感や反発につながる。

彼自身に譲れない信念はあるが、立ち位置や見え方は相対的に決まる。彼は「反〜」との立場から言葉を発すること、論理や体系的な知識よりもその場の感情に執着する。そんな彼を何と呼ぶべきか。ぴたりとあてはまる呼び名がある。その意味において、玉川は時代を象徴するポピュリストタイプのメディア人と言えるように思う。

ポピュリズムという言葉は「大衆迎合主義」と訳され、日本ではネガティブな記号となっているが、私の文脈に近づけていえば、大衆である視聴者を第一に考え、支配層（例えばエリート官僚やメディア）が独占している支配構造を打ち破れという反権威主義と言っていいだろう。ポピュリズムは右派的主張とも、リベラル・左派的な主張とも矛盾なく結びつく。

最近の知見を挙げておこう。オランダの政治学者カス・ミュデらはポピュリズムをこう定義している。

「社会が究極的に『汚れなき人民』対『腐敗したエリート』という敵対する二つの同質的な陣営に分かれると考え、政治とは人民の一般意志（ヴォロンテ・ジェネラール）の表現であるべきだと論じる、中心の薄弱なイデオロギー」（『ポピュリズム：デモクラシーの友と敵』白水社、2018年）

腐敗したエリートへの対峙、中心の薄弱さ――。ここにポピュリズムの本質が宿る。ポピュリストには体系的かつ論理的な一貫性はなくていい。良く言えば融通無碍《むげ》であり柔軟、悪く言えば矛盾を抱えやすい。彼らにとって、論理以上に大事なのは「対峙」することそのものだ。

玉川は大衆に迎合せず、「生きたコメント」を発することで大きな権威と対峙する姿を見せ、人々の心をつかむ。彼の一挙手一投足に賞賛と批判が集まるのは人々がポピュリスト的メディア人に魅了されていることを意味している。「反官僚」が信条の玉川には、厚労省からの名指し批判はこれ以上にない美味しい展開だっただろう。ファクトが甘い主張を「官僚」がすれば、これに反論するのは道理だ。

玉川は安倍政権、それを取り巻く専門家、そして主流派メディアに向けられたリベラル側の疑念を象徴している存在である。私の取材でも、専門家の口から玉川の批判を聞いたことは一度や二度ではなかった。だが、厚労省と同じように彼らは自ら墓穴を掘り、玉川をより「正しく見える存在」へと変えていく。一例を挙げよう。

2020年4月28日放映分は、「モーニングショー」の「正しさ」を主張する回だった。PCR検査について、当時の政府「専門家会議」の発言の変遷を強調したパネルが用意された。3月ごろ、専門家たちは「PCR検査を適切な対象者のみに抑えていることが、日本の感染症拡大が踏みとどまっている大きな理由」と語っていた。それは先に挙げた押谷の発言のように一定の根拠があったことは事実なのだが、1ヶ月後に専門家たちは検査拡充を提言するに至った。

なぜ方針がここまで変わったのか。社会に伝わる説明があったとは言い難いことは科学的な争点とは離れて、ひとまず認めなければいけない。玉川は、番組内で2月半ばの段階で「民間を活用し、キャパを増やせと言ってきた」と強調した。エンターテインメント的に「モーニングショー」VS.政府・専門家という図式で見るのならば、彼らの勝利宣言である。

ここで大事なのは発言や見解の一つ一つが「科学的に正しいか否か」「エビデンスが

あるか否か」ではなく、専門家会議側の失策によって、結果として「モーニングショー」が「正しく見えてしまう」こと。これに尽きる。番組で重用されていた岡田晴恵(白鷗大教授)が20年2月末の段階で「国内感染者は恐らく1万単位と言ったら、感染症の専門家の方々から1万ではなく10万と『言い直せ』と言われた」との発言は、何の根拠も示されなかった。岡田の言うように2月末で10万単位の患者がいたとしよう。なぜ2020年4月下旬になっても死亡者数は334人(2020年4月25日時点の数字である)と低く抑えられていたのかという問いにも、明確な答えはまったく出せない。今から考えればという留保はつくが、そのような事実があったという裏付けは得られていないというだけだろう。

これらも大した失言にはならなかったという事実は、彼らが正義感から発した言葉は公共の電波に乗って、怒りや悲しみという感情を掻き立てたことを意味する。当時の人々が重視していたのは過去のものとなってしまった岡田の根拠不明な発言よりも、事態の深刻化とともに厚労省の批判にも負けず「人々の不安を受け止め、検査を求め、警告を発していた番組と専門家」の姿だからだ。専門家、国から寄せられる批判の下で、視聴者の不安や疑問は広がり続けていた。彼らは、そこにきちんと応えた。ミュデは、ポピュリストはしばしば正しい問いを発して誤った答えを導く、と指摘する。社会を騒がし続けた玉川にこれ以上ふさわしい言葉はない。

「安倍首相国葬批判」での失敗と復活

「事実に基づけ」——。そう強調していた玉川だが、事実にあっさりと復讐された。2022年9月28日である。「モーニングショー」で放送前日にあった安倍晋三元首相の国葬について取り上げたときのことだ。菅義偉《すがよしひで》前首相（当時）が行った弔辞の評価に触れた際、彼は唐突に「僕は演出側の人間ですからね」と切り出した。そして、こう続けてしまった。

「政治的意図がにおわないように、それは制作者としては考えますよ。当然、これ、電通が入っていますからね」

弔辞は菅が書いたものではなく、広告代理店の電通が関与しているものであることを暗ににおわせるコメントではあったが事実の裏付けはまったくとっていなかった。放送直後から批判が殺到し、翌29日放送回で玉川は訂正した上で謝罪のコメントを読み上げることになり、テレ朝から10日間の出勤停止処分を受けた。これまでも彼が誤っていると指摘されかねない発言はあったが、ついに処分が降《くだ》ったことになる。

もう彼のコメンテーター人生は終わったという論評も少なくなかったが、一つ時代が変わっていたのは、人気が高い者の炎上は一瞬こそ火が燃え広がるがすぐに強烈な支持とともに鎮火することだ。彼の処分に対してカムバックを求める声どころか、事実そのものがない彼の発言はまったく間違っていないと根拠なく擁護する声まで広がった。そして何より、彼が致命的な発言をしても番組の勢いが止《とど》まることはなかった。

それを証明しているのは彼が大切にした視聴率に他ならない。2022年度の世帯視聴率は実に9・4%(ビデオリサーチ調べ、関東地区)であり、NHKを含めても同時間帯で3年連続横並びトップとなった。番組の力を証明するのは、年度最高視聴率13・3%を獲得した回だろう。2022年12月29日の放送で、なんてことはない年末年始の帰省ラッシュの混雑・渋滞情報や寒波襲来への対策を伝えた日常的な回だった。これが意味しているのは、新型コロナ禍を機にかなりの程度の一般的な視聴者に「モーニングショー」の視聴習慣ができたという事実だ。玉川の騒動をものともせず、数字はついてきた。彼がいても、いなくても数字は維持できてはいたが復帰後にはより好調になった。

彼は2023年7月31日付で社員として定年を迎えたが、社員人生が終わってもテレビに出演したり、番組の名前をつかって取材したりして権利を維持したまま年を重ねる生き方を選んだ。それもテレビ界の圧倒的な勝者として、である。

長年の貢献を労う形で羽鳥が「玉川さんがきょうで定年退職です、今までどうもありがとうございました。本当に楽しかったです」と投げかける。玉川は「本当に皆さんのおかげです」と応じ、それを引き取る形で羽鳥が「ご苦労様でした。ということで、明日からは元社員という立場で、引き続き番組にご参加いただきたいと思います。よろしくお願いいたします」とさらりと告知をした。

彼は押し寄せる批判に動じることなく、そのポジションを維持することにあっさりと成功した。誇らしい表情がそれを伝えている。所属タレントとしてのオファーを検討した芸能事務所もいくつかあったというが、社員生活を終えた最初の一歩は一介のフリーランスとしてテレビ朝日ではなく、愛着のある「モーニングショー」との再契約となった。権威に立ち向かっているようなポジションを取り、実際に数字がついてくれれば彼のポジションはほとんどと言っていいほどに安泰だ。彼以上に世間をざわつかせ、数字を取れるコメンテーターはいない。新型コロナは収束したとしても、あらゆる問題で今後もポピュリストコメンテーターが発する一言は社会で話題になり続けるし、熱狂的な支持者とアンチを生み出す。

玉川徹とは何者か？　その答えはここに得られた。

ポピュリスト的メディア人としてテレビというメディアの特性を駆使して「正しい問い」を発する〝タレント〟である。社会をざわつかせる彼の存在感や発言は、ひとまず問うべき価値があると認めるべきだろう。だが、それは当然ながら、玉川と番組の見解が無条件で正しいことを意味しない。玉川に賞賛と批判が集まる社会、彼が正しく見えてしまう現状をどう捉えるか。本当の課題はそこに詰まっている。

私の見解を記しておこう。当たり前のように聞こえるかもしれないが、玉川の言葉一つ一つに過剰反応する必要はない。少なくとも彼はテレビの作法を知っている。踏み込んだ、とされる発言もよくよく聞いてみると大した話ではなく、むしろ「テレビは時々の政権の意向が反映される」「テレビメディアは忖度する」と勝手に思い込んでいる人々が過剰にジャッジしているだけだ。新型コロナが良い例である。本当に重要なのは具体的な対策であって、たとえばＰＣＲ検査を拡大すべきかどうかは偽の論点にすぎない。検査の拡大はどのように進めるか、という嚙み合いそうな論点をポピュリストは拒否する。

政治的な野心はなさそうだが、社会に対してその発言に一定の影響力を持っているコメンテーターに問う必要があるのは、それが「事実」であるか否かだけだ。発言が事実に準じているのならば、まったく問題ない。だが、もし事実でなかったとしたら……。

その時は適切な批判をしなければいけない。彼もまたそれを受ける覚悟はあるのだから。

西野亮廣

否定も批判も織り込みながら肯定し続ける

カリスマは五反田にいた

庶民的な歓楽街というイメージが強かった東京・五反田界隈は、今やすっかり様変わりしてしまった。東口、西口ともに歓楽街らしい猥雑なエリアも残ってはいるが、この街の持つイメージは一変されつつある。通称「五反田バレー」である。スタートアップ企業が拠点にしてきた渋谷が飽和状態になり、五反田駅周辺には成長を夢見るＩＴベンチャーが集いはじめ、あらたな活気に満ちている。彼もまたそんな空気が気に入っているのだろう。そんな空間の一角に『映画 えんとつ町のプペル』の世界に登場するような木目を基調としたコワーキングスペース（共有作業スペース）がある。

２０２1年5月、まだ夜には肌寒さが残る一日のことだった。新型コロナ禍がまだニュースの中心にいた。そんな日々の中である。右手にダイエットコーラを持ち、ヨウジヤマモトの黒のロングカーディガンに代名詞の黒の袴パンツをまとった西野亮廣は、椅子に座り、当時マネージャーを務めていた田村有樹子と雑談に興じていた。話題はその日のスケジュールだった。

「きょうは長い一日やな〜」
彼はコーラをテーブルの上に置き、両方の手のひらを天井に突き上げて体を伸ばしながら、少しだけ声を張り上げた。夜に指定された私のインタビューの後は、お笑いコンビ「キングコング」としてともに芸能界を駆け上がった梶原雄太とYouTube番組の収録、その後はすぐに東京・北参道にある幻冬舎へと移動して、刊行する絵本へのサイン入れと予定が詰まっていた。さらに言えば翌朝から昼の時間帯にもルーティーンワークが加わるのだが、そこに悲愴感や弱音というものは感じさせなかった。彼にとって「長い一日」はこの日だけではないだろうし、なにより活動そのものは順調に見えていた。

みずからが制作した絵本を原作として、製作総指揮を担当したアニメ『映画 えんとつ町のプペル』（2020年公開）は、27億円という興行収入だけでなく、海外の映画祭への招待が相次ぎ、日本アカデミー賞でも優秀アニメーション作品賞に輝くなど、2020年代の幕開けを告げる作品に成長していった。手がけた絵本の発行部数は累計100万部をとうに超え、ビジネス書はいずれも出せばベストセラーという異例の道を歩んでいる。ネットを通じて西野の非公開情報に触れられる、月額980円のオンラインサロン「西野亮廣エンタメ研究所」の会員は数万人規模を維持している。この間、所属する吉本興業をやめたというニュースが世間を騒がせたが、活動への影響はなく、マスメディアで取り上げられることも増えてきた。

カリスマという言葉を、人々を惹きつける個人の資質と解釈するのならば、西野の行動は確かにカリスマに相応《ふさわ》しい。彼の一挙手一投足は常にインターネットを騒がせ、熱烈な支援者——それは、しばしば「信者」と揶揄《やゆ》される——とアンチを同時に巻き込んでの論争が起きる。

彼の支援者からは、かなりの熱量で「西野さんは天才」と声があがる。だが西野は、教えなくてもできる、というタイプではない。彼に才能があるとすれば、目標を定め、そのためにあらゆる努力を惜しまないという類のものだ。努力は裏切らないと「信じ抜いて」いるし、目標は小学生のころから変わらず「誰よりも、おもしろい人になりたい」を貫いている。

アンチはしばしば西野を、「ペテン師」あるいは「詐欺師」という言葉で評する。絵本でも映画でもヒットしたという事実は、「信者を動員したからだ」という安直な答えで埋め合わせされる。

西野の主催するイベントで、お金を払って「権利」を買うことでボランティアスタッフとして参加できるという手法が注目されたことがある。アンチは、これを「やりがい搾取」であると批判し、SNSで拡散した。「ディズニーを超える」といった西野の発言は妄言に過ぎず、「信者」からお金を集めるためのホラ話だと批判されている。西野本人は、しばしばお金について語るが、お金は彼にとっては手段であり、現金を手元に残すことへの執着はないという。

こんな批判をされてきたことをどう受け止めているか、と本人に聞いてみたが、言わせておけばいいというのが彼の基本的な態度だった。「会社から僕に入るお金の額を聞いたら驚きますよ。すごく少ないから」と一笑に付す。有料ボランティアへの批判にしても、「バーベキュー場でお金を払って楽しむのと原理は同じ」とまったく意に介さない。インターネット上で交わされる批判には関心がないのだという。ピュアな心根を持つ少年漫画の主人公のように、ディズニーなどを巨大なライバルだと純粋に捉えているようで「エンタメの世界で倒したいと本気で思っている」と真顔で語っていたが、そこに嘘があるようには思えなかった。

スタジオジブリの『崖の上のポニョ』(2008年公開)を都内の映画館で観た直後

のことだ。一緒に行った構成作家と食事をしていた西野は、思い詰めたような表情でこう切り出した。

「宮崎駿、めっちゃおもろいなぁ」

「そうですね。良い映画でしたね」

「すごいよなぁ。あんなん作りたいよなぁ」

普通はここですぐに食事に戻る。だが、西野は食事もそこそこに切り上げ、「あかん、やっぱりネタ書くわ。俺も負けてられへん」と立ち上がり、自宅へ帰り作業部屋にこもった。

子供のような純真さと、成果を収めていても満たされない渇望――それは、奇妙なまでの敗北感と言い換えられる――が、同じ人間の中に、同じ量だけ、しかも同時に存在している。純粋さと渇望が交わる一点において生まれるエネルギーで、彼は駆動しているようにも見えるのだ。なぜ西野のエンタメは人格も含めて語られ、評価が二分されるのか。解き明かす鍵は、彼の考える「おもろい」への固執、そして「自叙伝」と語る『プペル』の中にある。

急成長と急停止

吉本興業が創立した養成所「吉本総合芸能学院」、通称NSCは1期生のダウンタウンを筆頭に今や芸能界の一大勢力を形成している。その大阪22期でもっとも傑出した才能はキングコングであるというのが大方の一致した見解である。1999年から始まった彼らの芸歴は、さながら現代エンタメ業界における夢物語と呼べるようなものだった。

NSCで出会った西野と梶原は、当初、別々のコンビで活動していた。あるオーディションで、2組はそろって敗れ、敗北を機に二人は同時期に組んでいたコンビを解散するという道を選んだ。共通の敗北経験が二人を接近させていく。西野のブログに、コンビ結成のエピソードが記されていた。梶原が西野の育った兵庫県川西市まで遊びに来たとき、西野は地元の夜景を見せるためバイクに乗せて、山へ連れて行った。眼下に広がる都市の夜景を見ながら西野が口を開いた。

《何気なく「あれだけの人を笑わせようと思ったら、大変やな」と僕が言ったら、「俺達ならできるよ」と返ってきた》（2020年4月16日）

西野亮廣

それが結成の合図だった。彼らは半年もたたないうちに、若手の登竜門として位置付けられているＮＨＫ上方漫才コンテスト（２０００年）で最優秀賞を受賞した。在学生での受賞は、あのダウンタウンですら成し遂げられなかったＮＳＣ始まって以来の快挙である。その後も関西のテレビ局が主催する「ＡＢＣお笑い新人グランプリ」、「上方お笑い大賞」をいずれも勝ち抜き、最優秀新人賞を受賞する。明るい雰囲気を前面に押し出し、ボケとツッコミの間に言葉をぎゅっと詰め込む密度とネタを展開するスピード、そして畳みかけるようなハイテンポで勝負する漫才で、新世代のお笑い界を象徴する存在へと駆け上がっていった。

それでも当初、西野の才能に気がつく者は少なかった。実際にネタを書いていたのは西野だったが、周囲の芸人たちも多くはキングコングをリードしているのは、舞台上でボケを連発する梶原だと「勘違い」していたからだ。一見すると勢いで押し切っているだけのように見えながら、しかし一級のプロが見れば実に緻密な会話で構成されている漫才であること。それを見抜いていたのはごく限られた芸人だけだった。西野も勘違いを正すような言動をとらなかったが、わかる芸人には心を許したという。

西野が業界で「師」と慕う数少ない芸人、「ロザン」菅広文《すがひろふみ》の証言である。

「僕も最初は、カジ（梶原）が主導権を握っていると思っていたんです。でも、何回かカジと話しているうちに、これは違うなと思いました。あそこまで計算したネタが書けるようなタイプではないんです。そこで西野のところに行ったんです。『ネタ書いてるやろ。ロザンでも漫才やろうと思っててんねんけど、書き方教えてや』と言いました。西野は驚いていました。理由は二つ。一つは年下の後輩に教えを乞うたこと。二つ目は、ついにバレたかという驚きですね」

確かな実力を持った漫才だけでなく、マスメディアも彼らに目をつける。

人気を決定づけたのは、2001年に転機となる番組のレギュラーに抜擢されたことだ。後にゼロ年代を代表するバラエティ番組へと成長することになるフジテレビ「はねるのトびら」である。若手芸人による事実上のオーディションを勝ち抜き、番組が始まるとすべての流れは彼への追い風となった。

通天閣の眼下に広がる大阪・新世界のボロアパートの503号室でネタを書いていた青年は、あっという間に東京で最も勢いのあるスターへと上り詰めた。番組の進行役を任されるだけでなく、スケジュールの合間に漫才を作り、睡眠時間を削った。西野は人生のすべてを仕事に捧げる努力ができるタイプだった。しかし、それはある種のクリエイターしか持たない才能である。万人に与えられてはおらず、相方の梶原に限界が近づいていた。人気絶頂期だった2003年、梶原は突然、失踪騒動を起こしてしまう。行方がわからなくなってから3日後、あるカラオケ店で見つかったとき、彼はすべてに怯えているような表情を浮かべていたという。

そしてキングコングの活動休止が決まった。

当時の西野を支えたのも菅だった。東京でも大阪でもロザンの仕事が終わる場所と時間を伝えて、合流ができそうなタイミングで西野がやってくる。毎日のように酒を酌み交わしながら、吐き出される言葉を受け止めた。

「最初はカジへの怒りばかりでした。話しているうちに西野も気づくことがあったんちゃうかな。段々と怒りは収まっていきました」（菅）

休止期間中に、西野はテレビをかじりつくように観て、徹底的に分析していた。デビュー以来、初めて味わう「何もない時間」は研究に費やされた。これも西野の基本的なスタンスだ。

タモリからの一言

「西野さんは、オタク気質です。何事も自分で徹底的に調べないと気が済まないし、すべてを吸収しようとする」というのが、マネージャーを務めてきた田村の見解である。漫才でも当時の流行を分析し、良いものを取り入れ、無いものを探す。西野のなかで要素を組み合わせ、吐き出すことでキングコングの漫才はオリジナリティを獲得していく。膨大なインプットは、いつも次へのステップとなった。

やがて回復した梶原が復帰を希望し、二人の活動は再開された。

2005年、「はねるのトびら」がゴールデンに進出し、西野は25歳にして子供の時からの夢でもあった、「フジテレビのバラエティ、それもゴールデンで活躍する」という夢を叶えることになった。しかし、一つの夢が叶うということは、一つの目標を喪失することでもある。テレビの世界で成功し、視聴率が取れる番組の中心にいた西野も「FNS27時間テレビ」のような大型番組では、ひな壇の後方へ座ることになった。

そこから見えたのは、MCを務めている大物芸人たちが、テレビ局の幹部たちと親しげに言葉を交わす姿だった。彼らはお互いの駆け出し時代を知っている。中心に行くために必要なのは、「今」の結果以上に、スタッフと付き合ってきた時間だと悟る。もしかしたら自分は一線に挑めるかもしれないとおもっていたが、最初から「時間」というファクターを持たない時点で勝負はついていた。

この答えに気づいたとき、待っていたのは絶望と虚しさである。どれだけ順調にいっても業界の「真ん中」に立つためには、少なく見積もっても十数年、20年以上かかる。それも別の番組では「真ん中」を張り続け、やがて年を重ねれば下の世代からの追い上げも躱《かわ》さなければいけない。梶原が精神的に追い詰められてまで登った山だったが、その頂《いただき》に立ったときに見えたのは、ひな壇から中心まで、たった数メートルの近いようでいて実に遠い距離でしかなかった。

テレビを中心としたエンタメ業界の現実が彼の目標を変えさせた。レギュラー番組以外ではテレビの世界の競争を降りて、世界展開できるエンターテインメントを発信する方向に舵を切ると決め、憧れの存在だったタモリから「絵を描け」と言われたというたった一つの理由で、0・03ミリボールペンで、絵本の制作にとりかかる。

「何をすれば日本から世界のエンタメのトップを獲れるのか、と考えたときに言葉では無理だなと考えました。漫才をやってきたけど、日本語のお笑いや表現を英語にするのは難しい。絵を描くと決めたのには、多少の打算もありました。絵本ならば、それを軸にして展開することも可能になるし、他にやっている人もいない。世界に出るチャンス

はあると思いましたね」（西野）

デビュー作を出版することになる幻冬舎の編集者、舘野晴彦にとっても2006年の出会いは衝撃だった。知人を介して、出版のハードルを越えられるものかどうか西野の絵を見てほしいと頼まれ、後に担当編集者となる袖山満一子《まいこ》と一緒に、六本木のレストランで食事をした。そこで西野からどうでしょうかと絵を渡された舘野は驚愕することになる。彼には『機動警察パトレイバー』シリーズを生み出した一人である、日本を代表するアニメーター押井守とも仕事をしてきた経験がある。細部まで描き込まれた絵は芸能人が片手間で描いたというレベルではなかったという。

それ以上に興味深かったのは「この絵はどういう物語なのか」と聞いたとき、西野が全体の構想を語ったことだ。世界観、キャラクター、物語の展開まで西野は語り尽くし、今見ている絵は全体構想のどこに位置づくのかまで言語化されていた。

著名人が出す絵本はいくらでもある。だが、シリーズ化に堪えるものは限られる。彼は何年でも待つから出来上がったらすぐに原稿を渡してほしい、と出版を即断する。

西野は当時、深い孤独を抱えていた。彼の不幸は、あまりにも早くスターになってしまったことにあった。多くの人が共感するような「苦節〜年」という物語はない。下積み時代すらほとんどない。挫折も強いてあげれば、最初のコンビを解散したことくらいだろうか。

才能はすでに知れ渡り、彼が積み上げてきた陰ながらの努力は、「あいつは天才だから」という言葉で片づけられた。生き馬の目を抜くような芸能界での異例のスピード出世は、最初から激しい嫉妬の対象だった。

デビュー作に費やした時間は4年だ。その間、西野はある時は東京・新宿にある吉本興業の東京本社にこもって、一枚の絵を完成させるのに何日も費やした。バラエティ番組の収録を終えた芸人たちが次々と海外旅行に出かけている元日であっても、ずっと描き続けていた。それでも周囲からは「先生気取りですね」「絵なんて芸人がやることではない」と批判が飛んできて、レギュラー以外のテレビをやらないと言えば、それも揶揄を通り越した否定の対象になった。そもそも、「おもろい」ものとは何か、という前提からして周囲と嚙み合っていなかった。漫才で笑わし、テレビでなにか気の利いたことを言ったり、受ける動きをしたりすることは確かに「おもろい」の一つではある。だが、すべてではないという思想が彼の根底にあった。

この当時の西野の姿を収めた一本の映像がある。茨城県にある牛久大仏を見にいったときのものだ。ニット帽を被ったラフなスタイルの西野は青銅製、全長120メートルの大仏に向かって歩く道の途中で感嘆の声をあげた。

「うわーでっかいなぁ。こういうのを作りたいなぁ。何これ、っていうもの」

西野にとっては大仏もエンタメであり、「おもろい」ものなのだ。彼にとっては、他人がやっていないこと、真似しようと思ってもできないことはエンタメであり、「おもろい」ことであり、そして「おもろい」ものを作り上げる人々は、すべてが「芸人」だ。

漫才やテレビも「おもろい」時間を提供するものであり、絵本も「何これ」と思わせる「おもろい」ものを作っているという自負があった。わけのわからないものも含めて、見た瞬間にすべてを忘れさせるものを提供することが西野にとってのエンタメということになる。お笑いも、映画も絵本もエンタメであることの根本に変わりはない。彼の自意識は、いつでも「芸人」である。

西野のエンタメ観には一本の筋は通っているが、周囲に理解者は少ないままだった。それはそうだろう。誰も同じようなことを言っていないのだから。もし西野が「世界を獲るために英語で漫才をする」とでも言えば、まだ理解者はいただろうが、急激な路線変更は深い孤独をもたらすことになった。

彼のエンタメ観を理解したのは、お笑い業界の外にいる人々なのだが、この時の西野はそれを知らない。

夢と金

牛久大仏を見て感激する西野の映像を撮ったのは、放送作家の山口トンボという男だ。西野の元には、路頭に迷った敗者たちが吸い寄せられるように集まってくる。ときに自宅に住まわせることもあれば、仕事を振ることもあった。彼らのことを西野は見捨てずに、道をつくる。

山口もその一人だ。年齢は西野より一つ上だが、芸歴で言えば1年後輩という吉本の元芸人である。地元でもある名古屋でレギュラー番組もあったが、さらなる活躍を夢見て東京に進出した。競争過多な東京では思うような活躍ができず、ついに芸人としての夢をあきらめた。組んでいたコンビを解散し、名古屋に戻り知り合いの放送作家の下で作家修業を始める手はずを整えた。

東京での最後の思い出に選んだのは、ブログを愛読していた西野に会うことだった。

西野と親交があった芸人仲間に「東京最後の思い出になんとか西野さんと飲めないか」と頼み込んで宴席が設けられた。ちょうど、西野がデビュー作『Ｄｒ．インクの星空キネマ』（幻冬舎、２００９年）の制作に取り掛かっていた時期と重なっていた。軽く飲みながら食事がはじまった。

「きょうで最後なんで、嬉しいです」

「おぉコンビ解散したんやってな。次、どうすんの？」

「名古屋に帰って、放送作家になろうと思ってます」

「うーん、それなんかちゃうと思うねん。東京におったほうがいいんやないの」

「えっ……」

「ごめん、ちょっと待っててな」

困惑する山口を残し、西野は席を立ち、店の外で電話をかけはじめた。「今のなんだと思う」と芸人仲間に聞いても、首を傾げるばかりだった。やがて席に戻った西野はこんなことを告げた。

たった今、マネージャーに電話して、山口の分の飛行機とホテルは押さえた。キングコングの青森公演についてきてほしい。東京に残って、座付き作家をやったらいい。打ち合わせは明日15時から新宿でやるので、必ず来るように。

最後のはずだった宴会はそのまま続いた。

翌日、そうはいっても飲み会での約束だから……と半信半疑で山口が新宿に向かうと「おぉ今日からよろしくな」と手を振る西野がいた。キングコングの座付きと名乗るようになったものの、お互いに構成作家という仕事はよくわかっていなかった。ある日、西野がコンビニについてくるよう言った。ＡＴＭで現金を下ろすと、山口にさっと十数万円を手渡した。

「もう作家なんやし、とりあえずパソコンはいるやろうな。これで買うてきな」

こうして付き人のように放送作家見習いを始めた山口だったが、当初はやることがない日も多かった。そんな時間には誰に見せるわけでもなく、西野の制作風景を撮影していた。山口にも当然のように揶揄はやってきた。西野の方向転換以降、キングコングは落ち目の芸人扱いをされてきた。せっかく築き上げたはずのポジションをすべて捨ててしまい、新しいレギュラーを増やそうという意思もなかったからだ。だが山口には、自分の決断は間違っていなかったという自負だけはあった。西野の背中を見てきて、自分に決定的に足りないものがクリエイティブにかける熱量と時間であることがわかったからだ。

実際、その後の山口に仕事が途切れることはなかった。西野も梶原も仕事のフィールドをインターネットにも広げていったからだ。当初は無謀と言われた梶原のＹｏｕＴｕｂｅ挑戦も今となれば、芸人ユーチューバーの先駆者である。逆転の物語はここにも描かれている。

西野が描く物語世界の基軸は「不可能な夢への挑戦」と「努力が報われるカタルシス」、この二つをセットで描くことである。

『映画 えんとつ町のプペル』の主人公ルビッチは、煙に覆われた「えんとつ町」に住む少年だ。ある日、彼はゴミ人間と出会い、「プペル」と名付ける。この町の絶対のルールは「空を見上げてはいけない」というものだ。ルビッチは煙の向こうには星空があると信じている。だが周囲の友人たちは、「そんなものはない」といい、ルビッチはバッシングの対象になる。それでも星空があると信じているルビッチとプペルは、えんとつ町に隠された秘密を知り、煙に覆われた空を晴らすための冒険へと向かう。最後は馬鹿にしていた友人たちも二人の行動に巻き込まれていく——。

空が夢の象徴であることは明らかである。西野が『プペル』後に記したビジネス書

『夢と金』（幻冬舎、2023年）のなかに「ドリームキラー」という言葉が出てくる。そのものずばり、人の夢を阻む人々のことだ。彼によれば夢への挑戦にブレーキをかけるタイプは4種類に分類できるという。すなわち「①キミの邪魔をしたくて『やめておけ』と言う人②よく分からないから『やめておけ』と言う人③過去の経験から『やめておけ』と言う人④現在の経験から『やめておけ』と言う人」だ。このうちドリームキラーに当てはまるのは①〜③である。④のタイプは実際に手を動かしており、現在の経験によって得られた知見からブレーキをかけている。そういう人のアドバイスは聞いて損はないが、残りの人々の話は聞いたところで「やめる」という決定しか導き出すことができない。

ルビッチの周囲にいるのも彼に対して無理を突きつける人々ばかりである。これは、西野が生きてきたお笑いの世界そのものであると同時に、周囲を含め少なくない人々が経験してきた、馬鹿にされたり、笑われたりした経験とリンクする。座付き作家となった山口にしても、作家になると宣言した当初は馬鹿にされていた。キングコングがいない収録現場で、「落ち目の芸人についてどうなるのか。仕事がないのならば頼る先は西野ではない」「お前、西野につくなんて、どろ船に乗ったな」などと言われても「ははは」と笑ってごまかすことしかできなかったという経験がある。

山口のような人々が西野のフォロワーには決して少なくない。

西野はテレビの世界と距離をとっていたゼロ年代に、初めて共感の糧を手に入れたように思える。デビューから一気に成功という物語ではなく、業界のなかで理解もされずにうまくもいかないだろうと思われていた経験と、夢を笑われたことを見返す物語として、である。

2013年、当時の芸能人にしては異例ともいえるタイミングでニューヨークでの個展開催を目指して、クラウドファンディングに打って出た。今でこそ決して珍しくない方式だが、西野にかけられたのはやめたほうがいいという言葉だった。「信者ビジネス」という批判を浴びたのも異例の早さだったところもまた西野らしいとも言えるが、いずれにせよ順風満帆な生活は終わりを告げた。そして、彼は見返すように成功体験を積み上げる。

それこそまさに「西野エンタメ」のプロットそのものだ。

肯定することの意味

本章の冒頭で紹介した西野のオンラインサロンでは、一つの絶対的なルールが明記され、機能していた。

「『指摘』はいいが、『批判』は禁止。指摘の最後は必ず『フォロー』の言葉で終わること」

西野にとってのサロンは、批判なき優しい共同体を志向する場であり、そこは西野の実体験から生み出されたポジティブな「物語」と行動で溢れかえっている。

オンラインサロンなどで提供されている「物語」と、作品を通じて打ち出される価値観は同じで、「夢を信じているものは笑われる」「物語」である。サロンの外部から西野に向けられる批判は、「また誰かが笑っているんだ。それも西野さんが走り続けている証拠」と解釈されて、支援者同士の結束を高めるだけで終わる。

安易な批判はほぼ無効化している。

著名人がインターネットを通じて、月に6000万円を超える原資を集め、それを元手に絵本や映画、プロジェクトを動かす。この方法だけに着目すると、いかにも現代的だが、それは本質を見誤らせる。オンラインサロン自体は、ほかにも多くの著名人が取り組んできた。しかし、長続きしないまま終わることがほとんどだ。

ここであらためて問おう。なぜ西野の周りにここまで人が集まるのか。それは、やはり彼の手腕に負うところが大きい。

一つはプロデューサー的な手腕である。絵本の『プペル』は、初期の作品のように西野が一人で描くボールペン画ではなく、分業制という方法で制作された。足りない制作費はクラウドファンディングによって集められた。そして「作品は届かないと、生まれたことにはならない」と考える西野は、作って終わりとするのではなく、販売の方法やプロモーションまで考え、自分で実行に移す。

加えて西野のストーリーテラー的手腕である。エンタメ研究所もブログ、ＹｏｕＴｕｂｅも圧倒的な配信量だが、それを支えている大きなプロットは、「西野亮廣」という主人公が、エンタメ界で世界の頂点に立つという「夢」にむかって走り続けるというものだ。彼自身が彼の物語の「伝道者」となっている。

２０１９年9月に、西野の10年来の友人である柳澤康弘が、正式に西野のオンラインサロンの運営などを手がける「CHIMNEY TOWN」の社長に就任した。『プペル』の世界観を再現したような木目調のオフィスまで訪ねてみると、ＩＴベンチャーの経営者でもあった柳澤は、「西野くんのビジョンが実現したほうが日本はおもしろくなる」とはっきりと言い切るのであった。

「会社でも『あなたじゃないとできない』とか『ありがとう』って言われる経験は少ないと思うんです。大きな組織になればなるほど、自分が辞めたとしても、何事もなかったかのように次の日がやってくる。かけがえのない自分、ではなく交換可能な存在であると感じますよね。でも西野くんのプロジェクトでは自分の存在が肯定されるわけです。今の社会で大切なことだと思いますよ」

ここにあるのは、見方によっては極めて幸福な循環の構図だ。

西野の物語を応援するということは、西野が描く物語の世界の一部に加わることを意味する。彼らは西野からの、「ありがとう」というひと言に励まされる。応援することで、応援される場を得ている。ここに、オンラインサロンで批判を禁止した理由も見えてくる。今のインターネットの世界では、誰かを肯定するより、批判や否定する言葉が目につく。ネガティブな言葉よりも、励ましの言葉が飛び交う場、批判なき「優しい」場から生まれるポジティブな物語のほうに、多くの人は惹かれ、お金を払う。

ここに存在しているのは、安直な対立の陰画（ネガ）だ。現実の世界に疲弊した人々が、純度の高い夢を追う空間である。

「映画なら興行収入、本なら印税を原資にして、次の作品を作るというやり方は取らないようにしようと思っています。なんでかっていうと、お金が足りないからできないという状況を作ってしまうんですね。僕がいつも、不動産が大事だと言っているのは、映画や絵本以外の何かで安定的に収入が入ってくるシステムを作りたいからです」

これはディズニーランドをイメージすればわかりやすい。西野が周囲に語ってきた「街を作りたい」という構想は、自身の世界観を現実の世界で体現したものだ。西野自身は純粋に自分がやりたいことを追求するため、サロンの収益を費やして、必要な環境を整えているだけのようにもみえる。彼は自分がやりたいこと以外にさほど関心を持っていない。

周囲のスタッフは西野の思考を深く理解し、進言することが求められる。西野の描き出す「物語」や価値観を共有するスタッフが、多ければ多いほど、プロジェクトの熱量は増していくからだ。事実、事務所社長の柳澤にしても、長く仕事をするスタッフにしても、西野の思考原理を根本から熟知している。

西野が吉本興業を離れた要因も、そこにあるのだろう。現場の担当マネージャーが定期的に入れ替わり、そのたびに熱量も物語も一から共有し直さなければならなかったことが、西野には大きなストレスになっていたと推察できる。だが、事務所を離れて、一見すると自由な環境を手に入れたことがプラスにばかり働くとは限らない。今後、柳澤らがマネジメントを担当するのだろうが、どこかでマイナスの影響が出てくる可能性はあるだろう。端的に言えば、西野の存在が大きくなればなるほど、周囲にはさまざまな思惑の人々がやってくる。すべて受け入れ、去るものも追わないのが西野のスタンスでもある。

『プペル』刊行と前後する時期のことである。菅と二人で飲んでいた西野が突然、こう言った。

「大変です。周りがイエスマンばかりになりました」

「それは大変やなぁ」

そう笑いながら、菅は、自分の状況を客観視して、宴席に笑わせるネタとしてもってきた西野に安堵したという。

やや意地の悪い見方をすれば、こうした話を笑い飛ばせる人がいなくなったとき、危機に直面するとも言えるだろう。取材の最後に、菅はこんなことを語っていた。

「西野はどこかで負けないといけない。でも、いまは多くの人の人生を背負って、負けてはいけない状況になっている。そういうジレンマは抱えているのかもしれない」

少年漫画では、物語の中で一度、主人公が決定的かつ意味のある敗北を経験し、再び立ち上がるプロセスが描かれる。だが、西野は敗北を必要とする世界を肯定しない。彼の人生観もまるで少年漫画だが、前提となっているのはトーナメント的な世界観だ。『夢と金』の中に端的に、人生にとって20代が大事であるという論が描かれている。なぜなら20代の勝者は30代になり勝者同士で手を組み、敗者は敗者同士で手を組むことになるからだ。それは年代を40代に置き換えても変わることはない。一度ついた差は埋まることがないというのが彼の考える世の真理だ。敗北を否定しながら、成長を夢見る世界は果たしてやってくるのだろうか……。

約束されたカタルシス

取材を行った2021年以降、西野にとって決定的な敗北はまだ訪れていないように思える。『プペル』は22年に新作歌舞伎になり、あらたに進出したＮＦＴアートの分野でも勝者であり続けている。西野本人もプロモーションの機会という位置付けでもあるのだろうが、地上波でもその姿を見るようになった。

テレビ業界の需要も確実にキャッチし、新たな夢として語っていた不動産事業も一つは形にした。それが22年9月、兵庫県川西市に完成した「キンコン西野の家」だ。吹き抜けで、3階まで本棚がある建物である。曰く、この発想の根幹にあるのは働く家だという。西野が不在時には、1日（＝11時〜21時）5万2000円で使うことができる。ゴミは持ち帰ることなど最低限の条件は課しているが、やはりニーズはあるようで建設の初期投資を回収するのはさほど難しいことではないだろう。

いくら批判されたところで、西野が賭けに勝ち続けているという事実はまったく揺るぐことはなかった。インターネットの世界ではアンチは粘着質になればなるほど少数になっていく。多くのアンチにとって西野はたまたま目についた著名人に過ぎない。『プペル』のムーブメントが過ぎ去り、彼の話題が落ち着けば絶対数は減っていく。

とはいえ、大目標として掲げている「ディズニーを超える」にはどの程度近づけただろうかという問いは成立する。ピクサーもマーベルも『スター・ウォーズ』シリーズも傘下に収めたエンタメ業界の覇者と単純に比べても得られるものはほとんどない。

ここで一つの思考軸を提示しておこう。創設者のウォルト・ディズニーは20代で「オズワルド・ザ・ラッキー・ラビット」のヒットで自社を全米屈指のアニメーション制作会社に成長させ、ミッキーマウスをこの世に送り出している。そしてアニメーション事業だけでなく、テーマパーク構想を打ち出し、カリフォルニア州アナハイムの73万平方メートルもの広大な土地を確保し、ディズニーランドをオープンさせたのが53歳の頃だった。ミッキーはオズワルドをはるかに上回る国民的なキャラクターに成長しており、テーマパーク建設は大きな話題になっていた。彼は65歳でこの世を去ったが、ある意味では現代にも続く神話を残して亡くなっていったのだ。この存在に西野はどこまで近づくことができるのか、というのが彼の打ち出す物語にとってもっとも重要なポイントになる。

私は、もしかしたら西野が描く物語にとって、ディズニーへの敗北はあらかじめ織り込まれているのかもしれないと考えるようになってきた。彼が打ち出した壮大な目標「ディズニーに勝つ」は一体何を意味しているのか、実際のところ具体的にはよくわからない。

自身が生み出したコンテンツが世界中でヒットし、例えば興行収入で同時期に上映されたディズニーの作品を上回ることを意味しているのか、ディズニーランドのようなテーマパークを建設し、入場者数で上回るということなのか。ここで具体的に問うことにあまり意味があるとは思えない。重要なのは不可能に立ち向かう物語、巨大過ぎて届くことがない、あるいは笑ってしまうようなゴールに向かって走る物語を描くことにあるからだ。巨大な挑戦に伴うカタルシスは少ない確率の勝利でしか得られないものではない。いずれ高い確率でやってくる敗北の中にも宿るのだ。

「世界一おもろい人になる」という物語の中で萱が必要だと喝破した敗北がすでに西野の物語の中に存在していたとしたら……。どれだけ批判があっても西野と彼の周囲には強い結束が生まれる理由は、敗北必至の挑戦を続けるプロセスの中にこそ見えてくる。それはこれから先、どれだけ時間を積み上げても壊れることはない。彼がこの先生み出す新しいコンテンツ、新しい世界観は挑戦の物語には合致し続ける。

そのたびに熱狂的なファンとアンチが同時に生まれることがあっても、カタルシスは約束されている。西野の物語を求める人々がいなくなるとは思えないし、その世界を作り上げた西野の存在は決して揺るぐことはないだろう。

そこにあるのが勝利であれ、約束された敗北であれ、である。

ガーシー

暴露で革命は起こせないという現実

ヒーローか詐欺師か

2022年2月14日、突如開設されたYouTubeチャンネルから暗い表情の中年男性がぼそぼそとした関西弁で芸能人や有名人の「醜聞」を次々と流し始めた。「おれ、失うものないから。全部喋るから」と。以降、しばらくの間、日本の社会と芸能界は彼の一挙手一投足に振り回されることになる。

有名俳優の下半身スキャンダルやタレントの違法賭博、アイドルの枕営業に未成年飲酒といった衝撃的な話題が次々と飛び出す異色のYouTubeチャンネルの再生回数は幾何級数的に増加し、2ヶ月たらずでチャンネル登録者数は100万人を突破した。時代を象徴する存在になった男こそ、「ガーシー」こと東谷義和である。当初は所在地をひた隠していたが、しばらくしてUAE(アラブ首長国連邦)の都市ドバイにいることが明らかになった。

その後も勢いは止まることなく、ついに2022年7月、旧NHK党から参院選に出馬し、ドバイから一歩も出ることなく国民の代表の座を射止めた。ところが、である。

当選後も順調に暴露行為や動画配信を続けてきたが、彼が国会に姿を見せることはついぞなかった。結局、参院懲罰委員会で決議された「議場での陳謝」にも応じず、23年3月15日に参院本会議で「除名」が可決された。そして、除名の翌日にはネット上の暴露が暴力行為等処罰法違反（常習的脅迫）にあたるとして警視庁が逮捕状を取得、4月に国際手配されるに至った。最終的に彼は6月、成田空港で逮捕され、刑事裁判の手続きに乗ることになる。

実に興味深いのは、私がUAE国内にいる東谷から話を聞けたのは、ちょうど国際手配から逮捕まで数ヶ月の逃亡生活を送っていた時期だったことにある。一見すると追い詰められていたようにしか見えない東谷の口から好戦的な発言が消えなかったのだ。

オンラインで「悪党にしか裁けない悪がある」と繰り返す東谷は、自身の暴露行為をマスコミが取り上げない理由を芸能事務所への「忖度」、自身への国際手配は実業家や事務所社長と警察や政治家など「公権力」との癒着による「国策捜査」と断じ、世間から隔絶した彼と支持者だけが共有する世界観を作りあげていた。〝既得権益〟を持った勢力、既成政党という巨大な何かと戦う物語は、政治家や警察といった権力が彼を追い詰めるほど、メディアも巻き込んだ支持者のなかで生き生きと機能していたのだ。

「トリックスター」――。彼に近しい人々はときに彼をこう形容する。その言動が既存の秩序の破壊と同時に創造を担っているという理由からだ。ここに問いが浮かび上がる。すなわち東谷は、既得権益を破壊する「ダークヒーロー」なのか、それとも詐術的な話法に長《た》けただけの男か――。

アテンド能力とは何か

アテンダー、暴露、そして政治の世界……。起伏の激しい東谷の人生を波に喩えるなら、その高低差は東谷が身を置いた「裏稼業」の天国と地獄を意味している。

1971年、兵庫県伊丹市に生まれた東谷は、マンションや戸建が並ぶ住宅街の一角で育った。高校教員の父、母と妹の四人暮らしだ。父は兵庫県内の公立高校で校長まで務めた人物で、母は近所の飲食店にパートに出ていた。東谷本人が語るところによれば、後年、父はギャンブルによる借金苦で自死を選んだという。地元で当時を知る人々は口を揃えて「家族の仲は良かった」と語る。第2次ベビーブーム世代が大量に進学する時代である。大阪市、神戸市という二大都市のベッドタウンである伊丹市にも多くの子供が集まっていた。中学の同級生は「彼が目立っていた印象はない」と語っていた。世間を騒がすガーシーが同級生にいた東谷義和と結びついたのはごくごく最近のことだったという。東谷もまた、数多くいる団塊ジュニアの一人だったのだ。

伊丹市内の公立高校から大阪の阪南大学に進学すると、東谷は次第に交友関係を広げ、アテンダーとしての片鱗を見せ始めた。

東谷の大阪時代の遊び仲間で、実家にも行ったことがあるという男性の証言——「ヒガシさん（東谷）と初めて出会ったのは、ちょうどバブルの前後かな。大学のサークルの延長みたいな感じで、大阪や地元・伊丹のヤンチャな若者がクラブに集まって遊ぶゆるやかなグループがいくつかあったんです。僕たちの兄貴分みたいな感じですね。最大の魅力は人を集める力です。女子大生や女の子をすぐに集めて、紹介してくれました」

東谷は大学を卒業後、中古車販売業や板金工場の経営をしながら、夜の世界ではイベントを企画してパーティー券を売り捌く生活を始めていく。毎晩のように大阪のクラブに出入りしながら、着実に人脈を作り上げていった。一度入り込んでしまえば、どこの世界でもネットワークは狭いものだ。入り込むにあたって、最初期の運転資金は大学時代の指導教員に頼った。原資としたのは、この指導教員から借りた１００万円だった。

指導教員が取材に語ったところによれば大学時代の講義を受ける態度は決して悪いものではなく、どちらかといえば利発な学生としての印象が強く残っているという。

「講義は要領よくこなして単位を取り、自分のために時間を使っていた。（卒業した東谷から）事業をやりたいと相談を受けて、貸したのは事実です。彼のお父さんからも電話でお礼をいただいた記憶がある。貸すと言っても無利子無担保なのであげるのと同じ、と考えていました」

指導教員のもとには、その後数年にわたって彼が立ち上げた「マーベラストーキョー」という会社からA4用紙1枚の事業報告が届いたが、ある時から途絶えた。もっとも、事業そのものは好調だったようだ。1995年の阪神・淡路大震災後の中古車需要増加を追い風に、東谷の懐には金が舞い込んだ。大阪・梅田のキャバクラで豪遊し、ギャンブルにものめり込む。こうした派手な金遣いは、そのまま人脈への投資になっていた。東谷が東京に進出したのも、この時期だった。

20代前半の東谷は、大阪を代表する繁華街ミナミのバーで、お笑いコンビ「ロンドンブーツ1号2号」の田村淳《あつし》と知り合う。ウマがあったのか田村に誘われるがまま東京に拠点を移し、島田紳助ら芸能人たちとも着々と信頼関係を築いていった。六本木にバーを開くと、山田孝之、佐藤健、三浦翔平といった、のちに彼の暴露の対象となる俳優たちも通い詰めた。

「東京でも、やっていることは大阪時代と変わりませんでしたよ。可愛い女子大生や企業の御曹司なんかを、知り合いに紹介する。その相手が普通の友達から、芸能人になっただけでしょう」（伊丹時代から東谷を知る知人）

東谷の「アテンド手法」は当初から一貫している。ある番組の収録後に芸能人から女性と飲みたいという依頼があれば、リスト化している女性の連絡先に一斉に送り、時間が合う女性をあてがう。「旅行に行きたい」と言われれば、同伴を希望する女性を選び、航空券やホテルまですべて手配する。パーティーに行きたければ、芸能人たちは指定された場所に行くだけでいい。そこで起きたことは絶対の秘密とする。芸能界を生き延びる秘訣は「顔が広く、口が堅い」ことだ。忠実に仕事をこなす東谷は、圧倒的な信頼を得ていった。やがて、彼は自らに課した掟を自ら破ることになるのだが……。

2010年代の半ばには俳優だけでなく、多くの芸能事務所の関係者とも関係を深めていく。その時の方法も一貫している。

〈これも何かの縁ですわ〉

〈僕は年齢も下ですから、これからは子分と思ってお付き合いさせていただきます〉

東谷と会話した事務所関係者たちの証言で共通しているのは、このように腰が低く、丁寧に頭を下げて回る東谷の姿だ。

「かわいげがあるやつだって印象はあったね。暴露動画で怒っている顔とはまったく別で、ニコニコして調子のいいことを言っていた。懐に入り込むのはうまかったということだ」（芸能事務所幹部）

たとえその場にいなくとも、関係者を満足させることで信頼を獲得する。当時の東谷が自身に課していた最大の原則だった。こんな話がある。ある時、北海道で地方競馬の賞レースを終えたばかりの有名ジョッキー、調教師の接待先に困った芸能事務所の関係者が彼に電話を入れた。どこか札幌市内に良い店はないか。ざっくりとした予算とともにそう東谷に尋ねると、すぐさま店の手配を終えたという連絡が返ってきた。連絡した通りに店へと入ると、準備はすべて整っており、満喫するだけで良かった。感嘆した件《くだん》の関係者がいくら礼を述べても「大したことじゃないので。いつでも言ってください！」と謙虚に振る舞っていたという。

東谷は持ち前の話術で人の懐に飛び込み、厚い信頼を得ていた。頼られるのが好きな彼にとって、芸能人たちに囲まれた暮らしはまさに天国であり天職だっただろう。だが、2021年12月、YouTubeにアップされた一本の動画をきっかけに、東谷の人生は地獄へと転がり落ちる。

転落を招いた悪癖

「東谷義和って人が詐欺師です！」

チャンネル登録者400万人を超える有名ユーチューバーのヒカルが、〈警察へ…ヒカルの名前を使った詐欺に130万円振り込んでしまった被害者に会いました〉というタイトルを付した動画内で、〝犯人〟として東谷を名指しで告発した。一体なぜ、東谷は「詐欺師」と呼ばれる事態に陥ったのか。実は華々しい交友の裏で、すでに東谷のある〝悪癖〟が、破滅の火種となって燻《くすぶ》っていた。

ギャンブルだ。

私が取材で得た証言を重ね合わせると、以下のような出来事が見えてくる。東谷がはまり込んでいたのはレートの高い違法賭け麻雀《マージャン》だった。違法賭博に依存していた事実は、本人も認めている。一晩で500万とも1000万ともいわれる額が動く。勝てば数千万単位の金が手に入り、負ければ一気に失う。手持ちの現金がなければ、金を借りてでも埋め合わせなければいけない。借金につぐ借金が彼の首を絞めていく。そこで彼が資金源としたのは、知り合った芸能人からの借金だった。

若手俳優として活躍する新田《あらた》真剣佑《まっけんゆう》は、借用書を交わした上で、6000万円もの大金を東谷に渡した。東谷は「(自身が関わっていた)アパレル事業で運用する。1・5倍にして返す」といった甘言とともに貸与を迫り、彼の所属事務所にまで了承を取り付けている。しかし、返済期限までに金が戻ってくることはなかった。当初、東谷はこの金について「マネーロンダリングのために預かった」などと主張して芸能事務所や俳優の「闇」をにおわせていたが、実態はギャンブルのために重ねただけの単なる借金に過ぎない。

莫大な借金を返済するため、東谷は詐欺にも手を染めていく。

それが、ヒカルも告発した「著名人に会わせる詐欺」だ。代表的なのは著名な韓流アイドルグループ「BTS」の名前を使ったものである。東谷のアパレル会社がグッズを手がけることになり、彼に航空機代とホテル代などを支払えば会わせることができる、というのが騙し文句だった。東谷を信じ込んだファンたちは、言われた通りの金額を振り込んでしまう。ところが出国予定日直前になって突如、旅行は中止になったと連絡が入る。その後は曖昧な形で返金をほのめかしながら徐々に連絡は途絶えていく。

この「ＢＴＳに会わせる詐欺」には、報じられているだけでも20人以上の被害者がおり、被害総額は４０００万円に達している。後に、東谷は当時の人脈を駆使すればＢＴＳに会わせることが可能であり、嘘をついていたわけではないという趣旨の弁明をしている。しかし、そこでも具体的な根拠は何一つ示されていない。結局、この金もギャンブルに消えていった。

ヒカルに対して、架空の事業をでっちあげ、金を騙し取るという手口の詐欺行為もあった。ユーチューバーの告発によって東谷の所業が実名とともに明るみに出たとき、彼が抱える借金の総額は3億円に達していた。ネット上では、実家の住所まで晒され、嫌がらせを受けた。精神的に追い詰められた東谷は、知人に自殺をほのめかすメッセージを送ったという。

追いこまれた東谷が講じた最後の一手が、ドバイに逃亡したうえで、20年以上のアテンド業を通じて知り尽くした芸能界の裏事情を赤裸々に明かす暴露だった。

10%の真実と90%の嘘

その結果として、2022年2月に始まった「東谷義和のガーシーch《チャンネル》」は、急激に登録者数を伸ばし、多額の広告収入を得ることになる。普通、一般人が知ることのできない人気者たちの〝裏の顔〟は、瞬く間にネット上の話題をさらった。「○○は、未成年のアイドルをお持ち帰りしたで」「次は大物俳優の暴露や」……違法薬物、性犯罪、違法ギャンブルという刺激的なワードを織り交ぜ、関西弁で畳み掛けるように語る東谷には妙な迫力があった。

彼が狙い撃ちした芸能人の中には広告契約を打ち切られたり、仕事を失ったりする者も出てきた。自主規制も多分に含まれていたが、現実の損害は「芸能界の闇を暴露するガーシー」に説得力を与えた。言い分の食い違いや事実誤認を指摘する事務所もあったが、速射砲のような反論がすぐさまやってきたことで、関わり合うことを避けるようになった。

ある芸能事務所幹部はその理由をこう語っていた。言葉の端々に滲むのは当然ながら、苦々しさである。

「動画によっては10％の事実は入っているが、残りの90％は話を盛っているか、調べても出てこない犯罪行為ばかり。こちらが反論しても、すぐに再反論の動画がアップされて、あることないこと言われる。周囲には揉めている、という印象しか残らない。何を言っても損するのはこちらですよ」

彼の発言が信憑性を持ったのは、大手メディアが当初はその存在を黙殺したことも大きいだろう。事実関係を調べ、彼の語っていることはどこまで本当か、そして事実だったとして名誉毀損《きそん》に当たらないかを調べるという方法もあったにもかかわらず沈黙が続いた。それは「不都合な真実をさらしているからこそ、忖度するメディアは沈黙するほかない」というストーリーが真実味を持って受け入れられる要因になったのだ。

彼が集めたのは熱狂的な支持者である。

東谷にはドバイに有力な支援者もいた。「ドバイに来たらどうか」と彼を誘ったのは、麻雀仲間だったとされる秋田新太郎という男だ。この秋田が、東谷に借金返済の手段として「暴露」を提案している。大阪有数の進学校を卒業後、若手起業家として名を馳せた秋田は一時期、盛んにメディアにも登場した。だが、銀行から融資を騙し取った詐欺事件で2013年に大阪府警に逮捕され、執行猶予判決が確定。新たに幹部として関わった電力ビジネスでは、元社長が業務上横領の疑いで逮捕され、秋田自身にも使途不明金が渡った疑いで捜査対象になっている。

アダルト動画投稿をメインに国内有数のユーザー数を誇るウェブサイト「FC2」の創業者、高橋理洋《りよう》も、東谷が頼った一人だった。2015年、高橋は性行為のライブ配信に関わったとして京都府警から逮捕状が出ており、国際手配がかけられている。

東谷は経済学者成田悠輔とのNewsPicksでのオンライン対談（2022年8月19日配信）で、こんなことを語っている。「王族になりたいんですよ。もし王族になれたら、大手をふって日本に帰れる。さすがにアラブのロイヤルファミリーの人は逮捕できないでしょう。でも、実際に王族を紹介してくれる人がたくさん出てきたんですよ」

これ自体はホラ話でもなんでもなく、その時点では一定の根拠があった。複数の報道が出ているように、この王族と東谷をつないだという人物のひとりは元赤軍派であり、ドバイで経営コンサルタントを名乗ってビジネスを展開している大谷行雄だ。秋田と知人でもあった大谷は王族でもあるビジネスパーソンのシェイク・マジェットらを紹介したと記している（「元赤軍派の私がガーシーを擁護する理由」『情況』2023年春号収録）。

東谷は、国会議員を除名され国際手配を受けつつも、こうした人々のネットワークの中で、ドバイでの生活を謳歌していた。２０２２年7月には「ガーシーｃｈ」のアカウントが停止されたが、その後に立ち上げたオンラインサロン「ガシル」でも、東谷は億単位の収入を得たとみられる。

ご褒美は3億円と不逮捕特権

そんな東谷に目をつけたのが旧ＮＨＫ党党首の立花孝志である。元ＮＨＫ職員の立花は、ＮＨＫの受信料不払いやスクランブル放送化などを掲げ、２０１３年に「ＮＨＫ受信料不払い党」を設立し、「ＮＨＫから国民を守る党」に改名後２０１９年の参院選で初当選を果たす（のちに辞職）。その後、党名を「古い政党から国民を守る党」「ＮＨＫ党」など次々と変え、ガーシーの除名前後から、「政治家女子48党」を名乗っていた。その後、お家騒動が勃発するのだが、ここでは詳細には踏み込まない。私が取材した２０２３年3月時点で同党の参院議員は東谷を含めた2名、地方自治体に20人の議員を送りこんでいたことは明記しておきたい。

「NHKをぶっ壊す」を公言する立花の言動は幾度となく物議を醸している。同年3月23日には、NHK契約者の情報を不正に取得しネット上に拡散させると脅し、NHKの業務を妨害したとして懲役2年6ヶ月、執行猶予4年の有罪判決が確定している。

その立花は、参院議員会館の「ガーシー」の名前で割り当てられていた304号室で取材に応じた。彼は主が帰国しないことをいいことに、議員会館の一室をさも当然のように堂々と利用していた。スマホを片手にこちらにも聞こえるような大きな声で取材や選挙関連の対応にあたっていた。「失礼します」と私がドアを開けると電話をしたまま手で手前のソファーに座るよう促すのだった。部屋一面に貼られていたのは、統一地方選で党から立候補を予定していた女性たちの写真とプロフィールだ。とにかく関心を集めることから始まるというのが彼らの選挙戦略で、その禍々《まがまが》しさを凝縮したような空間が広がっていた。

電話を終えると「ガーシーの件やったね」と言って、そのまま対面するソファーに座ると開口一番、「この間、どれだけ政女党の名前がニュースになったか。宣伝効果は計り知れないものがある。これも全部ガーシーのおかげやね」と、満面の笑みで語り始めた。

立花と東谷を結びつけたのは、政治的な思想や理念、政策などではなく金だ。

2022年2月以降、スキャンダル暴露によって爆発的に「ガーシーch」の登録者数を増やす東谷に対し、立花はツイッターのDMを使ってコンタクトを取った。理由は極めてシンプルで、そのとき一番伸びているユーチューバーだったからだ。それまで「著名人」「有名人」というのは、ほぼイコールでマスメディアでの露出が高い人を指していた。しかし、その定義は変わってきた。いまや誰もが知っているわけではないが、YouTubeの登録者数が多いというのはそれだけでコアなファンを抱えた「著名人」だ。マスメディアがまだ気づいていなかった「著名人」の変化を的確に捉えていた、立花の嗅覚には確かに鋭いものがあった。

最初は消極的な反応しか返ってこなかったため、立花はドバイにまで赴き、参院選出馬の説得を試みた。立花がスカウトした理由は「ガーシーch」の登録者が数百万人を超えたという事実のみだ。その時々でもっとも勢いのある、あるいは数字を動かしているユーチューバーに声をかけていくというシンプルな方針のもと口説きにかかった。

最大の口説き文句は「99%当選する。当選したら3億円を払う」「国会議員になれば会期中の不逮捕特権もある」、である。

動画収益によって借金返済の目処《めど》が立ったとはいえ、借金と同額の3億円が東谷にとって魅力だったのは間違いない。さらには国会議員になることによって不逮捕特権が得られるのだ。事件化のリスクを抱えながらドバイに逃亡した身にとっては喉から手が出るほど欲しい特権だった。実際、東谷は、2022年5月30日の「出馬表明演説」でこう語っている。

「立花さんからお話を頂いた時に僕が乗っかったのは、まず一つはご存知の通りお金です。当選したらこんだけのお金が手に入りますよと。喉から手が出るくらい欲しいお金です。弁済がすべて終わると思ったんで。もう一つ、不逮捕特権。国会が開かれてる間であれば逮捕されないよと」

当時の立花ら旧N党にとってもガーシー擁立は死活問題だった。彼らにとって参院選における最大の目標は、「政党の維持」、より正確に言えば、政党要件を満たし、収入を得ることだ。「国会議員が5人以上」もしくは「国会議員が1人以上所属し、前回の衆院選か前回・前々回の参院選のいずれかで得票率が2%以上」という条件をクリアすれば、多額の金が党に入るのだ。まず国会議員の歳費が年間約2180万円、ここに年額1200万円の「調査研究広報滞在費」が加わる。参院議員であれば議員個人に対して任期6年間で総額2億円が支払われる。さらに前出の政党要件を満たせば、億単位の政党助成金が党に支給される。23年、彼らには約3億3000万の支給が決定している。年によって増減はあるものの、任期中に計十数億円を手にいれる計算が成り立つ。これらの金の原資はすべて税金である。

当時のN党には2025年に改選を迎える参院議員が1人しかおらず、この参院選の結果次第では、「政党」としての危機を迎えていた。「NHKをぶっ壊す」のワンイシューで伸び悩んでいた党への支持を取り付けるために、何をすべきか。とにかく話題を振りまくしかない。「悪名は無名に勝る」というのが彼らの戦略だった。立花が語る。

「ここまでの流れに点数をつけるのなら120点よ。テレビも新聞も散々報道して、うちの名前を宣伝してくれた。連日、流れるのよ。宣伝効果を考えれば十分なんてものではない。ガーシーの発信の内容をおかしいと感じるとか、政治に関心が高い有権者は元々、うちに投票なんかしない。我々が狙っているのは、普段は選挙に行かないような50%の人々であり、そこを開拓できればいい。もとから投票に行く50%の人々に訴えても振り向いてくれないが、行かない層を振り向かせれば議席は取れる。そんなに簡単なことではないが、ガーシーにはそれができた」

比例区から出馬した東谷は、選挙期間中も一度もドバイから帰国することはなかったが、インターネットと本人不在の選挙活動だけで旧N党の9名のうち最多の約28万票を獲得し、当選を果たす。

「ごぼうの党」の主張

この参院選では、旧N党や参政党のような「ミニ政党」が存在感を表した。その一つ「ごぼうの党」の党首である、奥野卓志《たかし》にコンタクトをとった。彼もまたかつて東谷の暴露を強烈に批判しながら、しかし東谷とも共通した人脈を持ち、個人的な付き合いもある。対抗する側から東谷の姿を知りたいところだった。

2023年3月、春雨の降る東京・銀座——。メインストリートに面したビルの上階にある「銀座一徳」を取材場所に指定された。会員制を謳い、雰囲気としては飲食店というよりもサロンに近い。恭しく出迎えてくれたフォーマルな出立ちの男性店員に最奥の一室に案内された。

「少々お待ちください。奥野はまもなく参ります」

金屏風のような誂えに、戦国武将・直江兼続《なおえかねつぐ》が用いた「愛」の字を冠した真っ赤な鎧兜が鎮座する部屋に通された。華美な装飾や風光明媚な日本の映像が流れる空間には慣れなかったが、私と取材に同席した編集者は待っている間、何も頼まないのは店にも悪いのでウイスキーのソーダ割りを飲むことにした。

グッチのジャージを着て角張ったサングラスをかけた奥野は約束の時間よりやや遅れてやってきた。芸能人が集まることで知られる「銀座一徳」のオーナーにして、正体がまったくわからなかった「ごぼうの党」を立ち上げた男だ。総合格闘技のイベントでボクシングの元世界王者メイウェザーへ渡すはずの花束をマットに叩きつけたり、コロナ禍の下で反ワクチン論を展開したりするなど、何かと話題の多い人物である。山田孝之ら芸能人の人脈は東谷のそれとも重なっている。当初は彼の暴露を批判していた奥野も22年ドバイで面会したことを機に、連日のように連絡を取り合い、強く帰国を促してきたという。

「一度帰ってきて、陳謝すれば国会議員でいられるだろうと。彼にしかできない役割があるだろうというのが僕の考えですね」

政治的に東谷と対抗するというよりは、自分が世の中に伝えたいことを伝えるために政党というハコを作ったというのが実態に近いのだという。事実、新型コロナワクチンの効果についての強い疑義など国政の課題について滔々と自説を語っていたし、今は東谷への大きな批判はないという。

帰国になぜ躊躇するのか。豪快に見える東谷だが実は慎重な性格だ、というのが奥野の見立てだ。彼がドバイに赴き、秋田の妻がオーナーを務める日本料理店に行った時のことだ。東谷の姿を見かけ、一度話をしないかと持ちかけてもすぐに返事をしない。一日をかけて様々な人に相談してから、ようやく応じた。人と話をするのにも警戒のハードルは簡単には下げない。

「本当に悪い政治家はいるから。江戸時代の鼠小僧みたいに、悪いヤツのカネを取ってきて聴衆にばら撒くみたいなことを期待していたのに」

東谷の28万票獲得の背後に、奥野のような思いを託した有権者は少なくないはずだ。多くの社会調査が示しているように日本人の政治家不信は根深いものがある。既成政党の政治家が選挙のときだけ語る「偽善的なきれいごと」を信じるよりも、あけすけに語られる「露悪的な本音」に魅了される。「どうせ裏では悪いことをしている」という不信感が、東谷への期待感へと転化した。

この選挙の直後、あるリベラル系の識者と話していたときのことだ。彼は「表じゃ言えないけどさ……」と断った上で、こう続けた。

「正直、ガーシーには怖いもの見たさもあるよね。政権の暴露をしたら面白い」

冷静に考えれば、二十数年の芸能界での蓄積に比べ、大して関心もなかった政治分野の暴露が簡単にできるわけがない。だが、メディアが沈黙していた時の東谷には、「当選したら国会議員の不正を暴く」という言葉に一定の説得力を感じさせる存在感があったのだ。結果がそれを示している。

この参院選で旧N党は125万以上の票を獲得し、立花の思惑通り、政党要件を満たすこととなった。同党が前回19年参院選で獲得したのは約99万票であり、東谷は立花の期待通り、30万に近い票を掘り起こし、党にもたらしたのである。だが、結果は何も残していない。彼らは「政治家の暴露ネタは持っているが出していない。どうせ既得権益に潰されるから」と語っていたが、国会議員となった東谷は、欠席を続けた。一度も登院することなく、当選から約半年後、23年3月15日に除名となっただけだ。

さしあたり重要な点は、旧N党とすれば実際のところ大きな影響はなかったことに尽きるだろう。東谷が議員をやめたところで、旧N党の齊藤健一郎が繰り上げ当選したため、党としても痛手にはならないからだ。彼らにとって、痛手と言えるのは東谷の問題以上に党内の内紛のほうだった。言い換えれば、彼らにとっては東谷以外でも勢いのある有名ユーチューバーを捕まえられるのならば誰でもいい。つぎ込まれた税金を原資に、自転車操業で選挙を続ける気なのだから。選挙で集めた期待が幻滅に変わっても、次のバルーンを打ち上げればいいという姿勢を崩さない。

「ガーシーに約束した額の半分以上はすでに（2023年3月時点）払ったかな。あとは1億円ちょっとあるはずやけど、政党助成金をつかって何らかの形でガーシー側に支払いは続けますよ。もちろん法に触れない形で」

政党要件を満たすために、得票率2％の達成に最適化された戦略を取る政党の存在を誰も想定していなかった。制度の盲点を突くという方法を徹底することによって、立花らは今でも政治の世界で生き続けている。

ガーシーの肉声

東谷からの返事はすぐにやってきた。月刊「文藝春秋」の取材であると断った上で、当時はまだ彼のアカウントが生きていたインスタグラム経由で取材依頼の文書を送った。すると、すぐさま本人と思《おぼ》しき人物から関西弁の口調で返事がきたのだった。取材を受けるとき、唯一条件らしい条件は、言ったことをできる限りそのまま伝えることだった。私は読み物である以上、本人の言葉も最低限の編集はするが、一部を切り取ったり、文脈を無視したりした形で文章化することはしないと返答した。ほどなく、彼の日程調整を担当しているスタッフの連絡先が送られてきて、スムーズに日付が決まった。

23年3月22日である。ＵＡＥの現地時間の午後2時、Ｚｏｏｍ画面に現れた東谷は約束の時間からほんのわずか遅れたことを丁寧に詫びてインタビューに応じた。

除名され、逮捕状が出た後のタイミングでの取材となった。ＵＡＥに長期滞在できるビザは既に取得しており、パスポートの返納命令が出たとしても、すぐさま不法滞在になるわけではない。したがってドバイでの暮らしを謳歌しているというが、慎重に慎重を期して背景はすべてぼかされていた。強気な姿勢とは裏腹な慎重さは奥野の指摘した通りだと思った。

水色のサマーニットにシルバーのネックレス、愛用している「４４４」という数字がデザインされた白のベースボールキャップをかぶっていた。口調は関西弁で興奮すればするほど早くなる。以下、彼との約束の通り、なるべく忠実に記しておこう。

「常習的脅迫と言われてもね、真実を伝えているだけなので。完全に今回の捜査は茶番だなと思っているので。既得権益を持ってる人間が動いてるんだろうなっていうふうには認識してます。警察担当の記者からも色々聞きましたけど『完全に国策で動いてる』っていう言い方をされたんで。それでやられたのがホリエモン（実業家の堀江貴文）事件でしょ。四人の弁護士に聞いても、国策なら通常の捜査で終わる保証はできないと言われたんで。訳わからん容疑をいっぱいかけられて、再逮捕、再逮捕となったら『刑務所入ってるんと一緒やな』と思ったから、帰らない選択をしました。どう思います？名誉毀損の罪で、国際指名手配なんかかけますか？」

本当に帰国の意思はあったのかと尋ねるとこう返ってきた。

「議員としても帰りたかったけど、警察が帰らさないような行動をしてきたから帰らなかっただけでね。除名にされたのと同時に逮捕状が出るって、完全に『あなたたち結託してるでしょう』って。除名に対しては憲法違反で訴える。弁護士さんとも話しているし。別に議員の仕事に執着があるわけではなく、おかしな形で除名させられているのが納得いかないっていうことです。警察にも弁護士同行のもとであれば聴取受けますよということは何度も言いました。あとはＺｏｏｍでもできるじゃないですか。Ｚｏｏｍでやりましょうよと。そのかわり、こっちも流しますと。でも現場の刑事さんには全部断られたって状況です」

動画でお馴染みの捲《まく》し立てるような関西弁で、かつて名指しで暴露動画を作った楽天創業者の三木谷浩史、東谷を刑事告訴したドワンゴ顧問の川上量生《のぶお》らを「既得権益」を持った者が警察に通じているとして名指しで批判を繰り広げる。自身の除名については違憲の可能性があるから訴訟を提起するのだとも語った。彼は真実を語っている自分が国策捜査と戦い、既得権益から追い込まれているという主張を最後まで繰り返すのだ。

私にはその強気な姿勢はそのまま「ガーシー」の支持者に見せたい姿であるように見えた。では少なくとも一度は公人となった「東谷義和」にとって、民主主義とはなにか。

答えはこうだった。

「民衆のためにある主義が民主主義やって思ってるから。選んでくれた30万人の有権者がいるのに、参議院のお爺ちゃんたちが反対しただけで除名にするのはもう民主主義じゃないって。日本はどこまでも資本主義なんやろうなと。お金を持ってる人、権力者が既得権益を持っていて、お金のない人、弱者といわれる人たちはどんどんダメになっていく」

この言葉を聞いた時、私は東谷をめぐる問題の核心が見えてきたように思えた。彼の言葉は、閉じられた支持者には届くのかもしれないが、その外には届くだけの強度を持っていない。

東谷は政治に対して、別の回路をこじあけてしまった。それ自体は良いも悪いもない。まさに有権者の判断だからだ。

ＹｏｕＴｕｂｅのようなメディアを新しい地盤とする彼のような存在はこれからも個人として、旧Ｎ党や他の政党からも出てくることは間違いない。だが、政治的な主張よりも私欲や目先の選挙戦術が勝る限り、私怨を晴らすかせいぜい少数議席だけで終わり、社会を変えることもなければ、持続する可能性もほぼない。税金が投じられる価値を認めるか否かはそれこそ社会に委ねられる。

東谷義和の支持者は彼を正邪の壁を引っ掻き回す「トリックスター」ともてはやす。一側面としては当たっている。この言葉にはもう一つの意味がある。広辞苑を開いてみた。トリックスターという言葉で最初に記載されている定義、それは「詐欺師。ぺてん師」であった——。

週刊誌はガーシーに劣るのか

2023年6月4日、東谷はUAEから帰国後、即座に逮捕され刑事事件の裁きを待つ側に回った。俳優の綾野剛《あやのごう》らを対象に繰り広げたネット上の暴露行為が暴力行為等処罰法違反（常習的脅迫）や名誉毀損容疑などに問われることになり、取り調べを受ける刑事事件の当事者となった。帰国の一報を聞いた時、私は率直に驚きだった。

彼は捜査の対象になること、逮捕という形で身柄を拘束されることを誰よりも極端に恐れていたように思えたからだ。捜査関係者の話を総合すると、自主的な帰国ではなく日本の警察当局が粘り強く現地当局と交渉を重ねた結果、事実上の国外退去となったようだ。彼からすればドバイ当局の動きもまた誤算だったのだろう。

誤算はもう一つあったように思える。当初は黙っていた暴露の対象にした芸能人も、被害を告発する側に回ったことだ。最後の最後まで折れず、刑事裁判となっても戦うと旗幟《きし》鮮明にし、所属事務所もそれを後押しした。スキャンダルを暴露された俳優たちも結局のところ仕事を続けている。新田真剣佑にしても、綾野剛にしても着々と出演作を積み重ね、国内にとどまらず新田は『聖闘士星矢《セイント》』のハリウッド版実写化、綾野はNetflix制作の実写版『幽☆遊☆白書』、『地面師たち』に出演し注目を集めている。

旧ジャニーズ事務所の創業者故ジャニー喜多川の性加害問題を告発したカウアン・オカモトが彼への感謝を公判でも口にしたことで、一部でまた「ガーシー擁護論」「ガーシー必要悪論」が再燃したが、やはり過大すぎるほど過大な評価だと言わざるを得ない。芸能界の健全化という観点だけならば、継続的にスキャンダルを報じた週刊誌や海外メディアの追及が波及し、証言を積み重ねて性加害を公に認定した再発防止特別チームの報告がとどめになったというのが一取材者としての実感である。

彼が著書や動画で頻繁に名前を出していた島田紳助も「週刊新潮」の単独インタビューで「僕、彼に連絡したことはありますよ。名前を出さないでくれって。僕は彼の動画見たことないですけど、見た人から聞くと、僕の悪口言ってないらしいですね。でも褒められるだけでも迷惑な話ですわ。そしたら『わかりました、すいません』とのことでした」と語り、あっさりと関係を断ち切っている（2023年7月27日号）。彼らの行動を不義理あるいは無責任という批判は当たらないだろう。

4点にポイントを整理できる。

第1にすべての発端は東谷が違法ギャンブルにのめり込んだがために借金を作り、詐欺行為に手を染めたという事実にある。

第2に最大の動機は借金返済であり、その金儲けの手段としての暴露があったということだ。暴露の中には彼が盛んに強調してきたような「真実」とやらも幾分かは含まれていたのだろうし、スキャンダルを元手に多くのファンと収入を得てきたが、動画で述べたことが原因となり刑事事件化した。

第3に彼の周囲に群がっている人々も警察の捜査対象にあった。「ガーシー」を語ることで自分達を攻撃したりする人々、批判をする者は「既得権益者」であり、自分達は警察という巨大な権力と対峙しているという物語を描くには十分な動機がある。東谷周辺からの発信は一定のバイアスがかかっているものとして読み解く必要がある。

そして第4に話題性から支持調達を狙った政党が、東谷を政治家にすることはできたが、政治家としての結果を残せなかったという事実だ。前述のとおり、「政治家の暴露ネタは持っているが出していない。どうせ既得権益に潰されるから」というのが彼の主張ではあった。だが、期待されたような暴露はほとんどと言っていいほどなかったのが現実だった。既得権益との戦いという構図はもはや少なくなった支持者にしか響いていない。東谷が制度の穴を突いたこともまた事実であり、既成政党への不満を一定程度、吸収したという分析も当たっているのだろう。だが、それらの期待は「公」のなさゆえに裏切られて終わったことは強調しすぎてもしすぎることはない。これで多数派を形成することはできない。

東谷の発信は旧N党的な反マスメディア感情を刺激し、政治進出への期待を高めた。なるほど、確かに暴露行為で収益をもたらすという構造は週刊誌のスクープと変わらないのかもしれない。だが、大事なのは公的な意志があるか否かだ。たとえ事実、真実であっても暴露行為で名誉毀損は成立する。それを回避するために週刊誌は原稿のなかに公共性、公益性、信じるに足る理由を書き記していく。公的な価値がある、と伝えるために。裏を取るのに時間をかけるのも、報じる理由を考えていくことも同じ理由からだ。商売と同時に、公を語れない限り、「X砲」は衰退に向かっていく。公的な意志は「なんのために」、そして「どのようにして」伝えるかを問う過程に宿る。

東谷のような暴露を「一人週刊誌」などと持ち上げてきた人々がいる。前述した元赤軍派の大谷は先に挙げた論考のなかで、東谷について、かつて一庶民から首相にまで上り詰めた田中角栄を引き合いにだし、「もしあのまま国会議員として続けられれば田中角栄のように総理大臣も夢ではなかった」「令和が生んだ暴れん坊革命児」とまで書いている。彼が描いたストーリーはこうだ。東谷は岸田文雄首相の側近、内閣官房副長官（当時）木原誠二ら政府要人の暴露行為に及んだことで虎の尾を踏み、彼らの怒りを買ったために報復のような形で身柄を追われるようになった――。

さしたる根拠も示されていない話だが、簡単に検討しておこう。もし本当にそのような事実があるのならば、木原の妻が殺人事件に関与していたというスキャンダルを詳細に報じ続けた「週刊文春」のほうがはるかに激しく圧力をかけられそうなものだ。だが、国家権力の側にいるはずの警察の関係者まで実名で証言に応じており、これを報じて以降も平然と週刊誌の発行は続いている。さらに記せば文春の報道後、木原は内閣でのポストを失った。

「ガーシー」こと東谷義和の選挙戦をバックアップしていたのは、後に過激な選挙運動を展開し、異例中の異例とも言える刑事事件の当事者となる「つばさの党」黒川敦彦だった。やはり彼らは政治にこれまでとは別のルートを作ってしまったのだ。

東谷本人の言葉を借りれば、彼は刑事罰を受け入れながら、落語家を目指すという。それ自体は好きにやってほしいとしか言いようがないが、政治の世界に帰ってきてほしいという救世主願望、既得権益への対抗という名で繰り広げられてきた物語にはピリオドが必要だ。

ぺてんの代償は踊らせているか否かにかかわらず有権者が払う。変革への希望を託された一票は宙に浮いた。私の結論も変わらない。もう一度記しておこう。

「詐欺師。ぺてん師」こそがトリックスターの第一の定義である。

2022年の旧統一教会

カルトを絶対悪とするカルト的思考

カルト教団の「におわせ」

「旧統一教会とは、関連団体も含めて今後付き合うことはない。自民党としても関係を切っていくべきだ」

2022年8月、衆議院第二議員会館622号室——。応接間に深々と腰掛けた元文科大臣の下村博文《しもむらはくぶん》は、私の目の前であっさりと断言した。渦中の人物である。大臣在任中の2015年8月、統一教会の「世界平和統一家庭連合」への名称変更が認証されたことが疑惑を呼んだ。下村は2013～14年に統一教会系の日刊紙「世界日報」の取材や座談会に複数応じている。発行元の世界日報社は当時、本社を彼の選挙区である板橋区に構え、2016年3月には下村が代表を務める自民党の選挙区支部に6万円を寄付していたことなども相まって、統一教会の悪質な行為を覆い隠すための名称変更に便宜を図ったのではという声が上がった。

注目されたのは文科省元事務次官、前川喜平《きへい》の証言である。彼は事務方ナンバー2の文部科学審議官だった当時のこととして東京新聞の取材に「(改名に) 政治の強い意図が働いているのがわかったが、駄目だと言っても無理だろうと、抵抗できなかった」と証言したが、下村側は即座にこれを否定した。

私が議員会館に通された時点のことではあったが、下村が旧統一教会について語った単独取材の記事はほぼなかった。どうして彼が応じたかは定かではないが、私は取材依頼のなかで以下のようなことを書いていた。

差し当たり重要なのは、前川と下村の双方ともが決定的な証拠を欠いている点にある。疑惑を指摘する前川の証言を確かなものとして取り上げるメディアは少なくないが、少なくとも決定的な部分では推論以上のことは語ってはいない。名称変更にかかわる直接の当事者ではないし、文書レベルの証拠も出せていない。だが、下村の反論とて録音データや官僚のメモでの裏付けはない。従って、疑惑だけはいつまでもくすぶり続ける。下村には証言を残す責任があるのではないか……。

依頼を読み返したが、長期にわたってメディアの主戦場となった旧統一教会をめぐる問題の一端が象徴的に残っていると感じた。安倍晋三元首相を銃撃した山上徹也被告が教団への恨みを供述したと報じられて以降、社会の関心は一気に旧統一教会が政治へ与えてきた影響や「つながり」に傾いていった。「ズブズブ」は瞬く間に社会的な流行語になり、いつの間にか旧統一教会の印象は政治的に強い影響力を持つ集団へと変化していった。下村は一連の報道の中でも、とりわけ「ズブズブ」だと指摘された政治家だ。彼の当選を支えたのは旧統一教会であり、彼はその見返りに教団にとって有利な政治決定をしたというストーリー、特に教団が自民党に影響を与えた象徴的な事例として名称変更問題が取り沙汰された。

確かにカルト宗教を中心に政治を見れば、下村と旧統一教会の間に関係性はある。濃淡で見ても濃いつながりがあったのは事実だ。ついでに書けば、下村はある意味では節操なく宗教団体の支援を受け付けるタイプである。たとえば宗教観の違いがあったことが大きな要因と言われているが、どれだけ窮地に陥っても公明党の推薦すら受け付けずに、結果的に選挙区では勝つことができなくなってしまった石原伸晃《のぶてる》元幹事長のような政治家ではない。昔ながらの自民党の政治家のように票になるか、自身の利益になると思えばあらゆる勢力を来るもの拒まずで、広くあまねく票を求めるようなクラシックな選挙戦を展開する。そんな下村が、他方でこうもあっさりと「切っていく」と語っているのもまた事実である。

現実を踏まえれば、旧統一教会は全国でせいぜい7～8万票程度しか動かすことができず、参院選の比例代表でいくつかの組織票を組み合わせてやっと1人を当選させることができる程度の集団にすぎない。公明党と、その支持母体の創価学会が持つ約700万票と比べれば文字どおり桁違いに少ない。一部からは「自民党を牛耳っていた旧統一教会」という声が上がっていたが、数で見ればこんなものだ。

下村が簡単に「切る」と言えるのも、当然といえば当然なのだ。だが、集票力が小さいことは問題がないことを意味しない。

政治家がカルト宗教の「信用保証」としてうまく使われていたこと、そうした行為を黙認して選挙にプラスだからと持ちつ持たれつの関係を築いたことは批判を浴びて然るべきである。政治家が悪質な勧誘や破産者が出るほどの高額献金、霊感商法など問題があるカルトに支持を求めてはいけなかった。もし支援や支持を得るのならば、選挙区の住民やメディアに対して情報公開をすることは必須だったのは論を俟《ま》たない。

きちんと明記しておくと、私は旧統一教会を多くの問題を含むカルト宗教であると考えているし、彼らが法的な責任を負う必要性に関してはまったく否定しない。

ここで問いたい最大の謎は、この程度の集団がなぜ「大きな影響力」を持っているかのように見えてしまったのか、である。一つの仮説を提示しよう。それは旧統一教会の歴代幹部たちは、歴史的な経緯を踏まえて自分たちを大きく見せる方法を知っていたというものだ。

彼らは政治とのつながりを完全に隠そうとせず、公然とにおわせていた。「におわせ」を強く否定しないことは、むしろ自らの力を大きく見せたい教団側のストーリーに乗ることを意味する。政治家とのつながり問題ばかりを過剰なまでに大きくクローズアップするだけでなく、今でも残り続けている問題を的確に捉え、現実を踏まえて解決しなければカルトの罠にはまってしまう。

まずは歴史を振り返っていこう。

政治家との本当の関係

旧統一教会は、韓国人の文鮮明《ムン・ソンミョン》が創設したキリスト教系の新興宗教である。文は1920年、日本統治下の現在の北朝鮮に生まれた。彼らは共産主義をサタンの最終思想と位置付ける。それに勝利し「統一」することも教義であった。「勝利」のために旧統一教会がこだわったのは、為政者とつながる道とカネだ。ポイントとなるのは1968

年の日本での創設以降、統一教会の政治部門を事実上担った国際勝共連合だ。反共を一致点に、文が安倍の祖父である岸信介ら保守系政治家と結託していたことは周知の事実だが、ここでは別のキーパーソンに注目してみたい。

その名を梶栗玄太郎という。複数の教団関連組織のトップを担ってきた梶栗正義の父で、晩年に統一教会会長職（第12代）を務めた。共産党相手のデモや演説で名を上げた運動家気質の信者だった梶栗は、合同結婚を果たした妻方の人脈をフルに活用する。彼の義父にあたる熱海《あつみ》景二《けいじ》は旧制一高、現在の東京大学の卒業生で、友人に福田赳夫《たけお》元首相ら政財界の重鎮がいた。彼らの子供同士も昵懇で、梶栗の妻惠李子はのちの首相である福田康夫の若い時分からの知人だ。

梶栗は義父の紹介で、1970年から福田赳夫と関係を築く。典型的なロビイストであった彼にとって最大の「成果」こそが、大蔵大臣時代の福田も出席した1974年の文の来日晩餐会だ。福田が「アジアに偉大なる指導者現わる。その名は文鮮明」とスピーチして問題となった会合である。首相就任後も付き合いは続き、当時の教団トップ久保木《くぼき》修己《おさみ》と共に元日から会い、運動を語り合っていたという。梶栗自身も認めているが、統一教会が社会問題化した1980年代は、同時に勝共連合や関連団体にとってのピークでもあった。教団本体以外の多数の関連団体へと政治家や著名人の賛同を集めて権威と信用を調達し、信者からは団体運営の金を集めた。

文が構想し、彼らが最も実現にこだわる日本と韓国を海底トンネルで結ぶ日韓トンネル構想なども金集めの名目になった。アカデミズムの世界にも接近し、青函トンネルの調査に携わった北海道大学の佐々保雄や京都大学の数学者らが賛同者に名を連ねた。

もっとも、彼らの全盛期にあって、日韓トンネルは福田ですら賛意を示すことがない提言だった。トンネル構想は袖にされていたというのが現実である。その後、梶栗らは福田から派閥を引き継いだ安倍晋太郎と関係を深めていった。「毎月会って統一運動について説明」しており、晋太郎もそれに応えるように教団票の配分をしていたと報道された。関わりは息子の晋三以上のものがあったと言っていいだろう。

現職首相と元日に会い、次期首相候補と毎月会談する。それ以外にも長期政権を築いた中曽根康弘とのコネクションも持っていたのが、当時の統一教会や「友好団体」だった。だが、たった一つの団体の意向が通るほど政界は単純なものではない。

政治学者、中北浩爾《なかきたこうじ》の『自民党：「一強」の実像』（中公新書、２０１７年）によれば、自民には友好団体が２０１６年時点で実に５００以上あり、それぞれにグループ分けされ、対応する党内の委員会が設けられている。典型的には日本医師会のように独自に候補を擁立し、全国会員のクリニックにまでポスターを張り巡らせて医療政策に深く関わる団体もあれば、業界団体として組織票を約束するものまで多岐に渡るが、統一教会は神道政治連盟などと共に保守系宗教団体の一部を構成してはいたが、「本流」の存在ではない。

全盛期であれば、ここぞというタイミングで自民党政治家に圧力を依頼することくらいはできたのだろうが、せいぜいそこまでだ。梶栗は中曽根以降の日本政治を評して「神が準備された日本における基盤が、崩壊していきました」という言葉を残しているが、彼らの嘘偽りない実感だったと評するのが適切だろう。彼らの希望は晋太郎首相の誕生だったが、巧妙な政治駆け引きによって、次期首相を後継指名できる状況を作り上げた中曽根がそんな願いを考慮するわけもなく、後継首相は竹下登に決まる。ここで勝共連合の存在感もまた薄れていった。

竹下以降の勝共運動の実態を知る自民党秘書はこう述懐する。「統一教会そのものはワイドショーでも報じられていて、気味の悪い韓国の宗教という印象でしかなく警戒はしていた。だが、歴代総理の経済指南番とも言われた木内信胤《きうちのぶたね》氏も勝共連合には賛同しており、それならば一つの保守系団体として付き合うのはいいという感覚だった」

この時代以降、彼らのロビー活動は迷走を続ける。1990年代には自民党のなかでもリベラル系議員、2000年代には野党第一党だった民主党にまで接近を始める。2004年には「AERA」が鳩山由紀夫と統一教会系団体の関係を報じている。同年に東京都内で開かれ、中曽根も招かれた「救国救世全国総決起大会」で鳩山は堂々と登壇し、小山田秀生（当時の統一教会などのトップ）を、こう持ち上げてみせた。

「国を思う気持ちは民主党も同じだ。小山田さんには手取り足取り薫陶を頂いている身」

2009年に発足した鳩山政権には、勝共連合系の雑誌で「親しくさせて頂き、応援を頂きました」と堂々と語っていた亀井静香も入閣していた。安倍の死去後の基準に照らし合わせれば、自民党並みに「ズブズブな関係」がありそうなものだ。2009年というのは、統一教会の関連会社が霊感商法の捜査を受けて、当時の会長が辞任にまで追い込まれた年である。

鳩山内閣の副総理は菅直人で、内閣府特命担当大臣（消費者及び食品安全、少子化対策、男女共同参画）として福島みずほといったリベラル派も入閣があった。

そんな鳩山政権誕生時に、何か助けを請われていたか否か。鳩山事務所に取材依頼を送ったところ、インタビューは断るという回答と共に「そもそも同教会との関わりはありませんので、事実としてもあくまでも儀礼的なものであり、本人には正直記憶すらありません」という返答があった。

SNSで自民党政治等々への批判には熱心だが、自己に不利な事柄になるとおよそ説明責任を果たそうとしない姿勢には辟易したが、呆れたのはさらにその先だ。鳩山の記憶は便利なもので、どういうわけか私が初めて取材依頼を送ってから半年以上が過ぎたころに発表された朝日新聞の取材時には、それなりに鮮明な記憶が蘇っていたようだ。「『過去に無思慮に関わったことは反省している』と語った。首相時代は、教団側からの接触はなかったとしている」（朝日新聞2023年3月2日）

小山田の薫陶を受けていた鳩山ですら関係を忘れたばかりか、記憶が蘇るのに半年以上かかっているというのがすべてとも言えるが、鳩山本人の認識はこの程度なのだということはよくわかった。冷戦終結以降、統一教会は実際の選挙運動にはどう関わっていたのか。もう一つの事例を挙げておこう。

もう故人になってしまったが一時は首相候補としてもメディア上でその名が挙がった、

自民党の元国会議員Aに長く仕えた秘書が取材に応じた。Aの選挙に携わっていた秘書、陣営関係者の証言によれば、Aの事務所には統一教会信者が私設秘書として入り込んでいた。その人物を仮にOとしておこう。陣営には、Oから高額の壺の購入を勧められた、布教を受けたというクレームが支援者から入ることがあったが、不問に付されていたという。Oの働きが一定程度評価されていたからだ。当時、協力関係になかった公明党支持者の家も含めてくまなく歩き、ポスターを貼った。

「もともと二つあった後援会を足し合わせて、三つに分ける。そうすると一つ後援会が増えたように見える。自分が後援会を増やした、と報告して信用を勝ち得た」（Aの元秘書）

統一教会からの集票はOが担当していたが、票そのものは多くはなかった。重宝されたのは、献身的な働きであり、Oも統一教会も国会議員秘書の肩書を必要としていた。Oの狙いはその先の政界進出にあったからだ。彼は2000年代に入り、民主党系会派の地方議員に転じた。2期8年務めたが、3選を目指す選挙であっさり落選した。票の動きを見る限り、政党への「風」のほうが、団体票より当落への影響は大きかったようだ。もっとも、政治家にとって教団の支援を受けるメリットは、選挙区によって異なる。

別の自民党議員秘書は言う。

「2010年代にも統一教会から派遣された秘書がいたことはいたが、だいぶ高齢なのに交代要員らしい人もいなかった。世代も考え方も違うので私たちとは話もかみ合わず、秘書同士のネットワークからも外れていた。大した票も持っていない統一教会を頼るのは選挙に弱い議員だけというのが共通認識だ」

選挙実務も取り仕切る秘書たちに聞く限り、かつては0のような存在も決して珍しくなかったようだが後任もおらず、これから増えていくものとも思えないというのがリアルな現場感覚のようだった。

「キーマン」下村博文との一問一答

政界の現実の一端を垣間見たところで本章冒頭の問題に返ろう。

安倍が亡くなって日も浅く、関係者たちの口は一様に重いなかにあって下村からは取材を受ける、と返事があった。真夏だというのに濃いネイビーブルーのスーツをがっちり着込み、写真撮影の依頼にも気楽に応じていた。

以下、一問一答である。

——旧統一教会、統一教会系の団体とのつながりが指摘されている。中でも目立つのは世界日報とのつながりだが、どのような認識だったのか。

「マスコミの一つとして、世界日報の取材や座談会を引き受けたことは事実だ。社長からは『統一教会とは別の企業。記事は独立している』と説明を受けていた。私の選挙区でもある板橋区に本社を構えており、地元企業の社長の一人という認識だった。社長は私のパーティー券を買っていたが、名称変更について何か要望を受けたという事実はない。板橋区に旧統一教会の教会はないので、組織的なつながりは持ちようもなく、演説会もなかった」

——2015年に宗教法人の名称変更は7件あった。文科省からどのような説明があったのか。

「報告があったのは統一教会だけだ。文化庁の責任者から、統一教会から名称変更の書類申請がきているとの報告があったのは事実だ。名称変更については、許認可ではなく書類上の不備がなければ受理することになること、そして受理を拒むことは行政上の不作為として違法性が問われる可能性があるということは聞いた。報告してきた理由を聞くと、社会的に注目される宗教法人だからと説明された。これがすべてだ。私が圧力をかけたとか、決定に関与したのではないかという声があることは承知しているが、私は関与していない」

——書類上、不備がないのに受理しなければ行政訴訟となり、旧統一教会相手に国が敗訴になる可能性があったということか?

「私はそう認識している」

——旧統一教会をめぐる政治家の対応に問題がなかったという話にはならない。少なくとも世界日報の支援を受けていたことは事実だ。何らかの責任を感じているのか?

「2世信者、被害者の方々が、名称変更が原因で何か困る状況を作ってしまったとするならば、私には対処する責任がある。カルト宗教の規制、被害者救済の政策作りを責任を持って進めていかなければならない」

——関連団体も含めて陳情はなかった?

「全国教育問題協議会から6~7人で陳情を受けたことはあった。そのなかに統一教会信者がいたという話があったが、代表者は違っていた。内容は教育に関するもので、名称変更に関するものではなかった」

――新興宗教で言えば「ワールドメイト」（神道系の宗教団体。教祖の深見東州は本名・半田晴久として予備校「みすず学苑」を経営している）との関係も指摘されている。

「深見さんとは知り合いだけど、そこまで深い付き合いがあるとは言えないと思う。公開されている情報がすべてで、選挙への影響と言われても……。選挙区に信者がいないとは言わないが、宗教団体の規模は小さい」

――今後はどうする？

「過去に問題を起こしている上に、個別の選挙区ではほぼ影響がない団体だ。参院選の比例代表で票を必要とした議員がいたが、問題を起こした団体の支援を受ける必要はない。しっかりと関係を断つべきだと考えている」

下村が、問題が起こった早々にあっさりと切ってもいいと言ったこと、法整備にまで言及したことに多少の驚きはあったが、こう語る背景も一定の理解はできる。自民党を支えてきた神社本庁、霊友会などの宗教票が信者数の減少で減るなか、旧統一教会も例外ではない。問題が起きれば、切ったほうが得だと判断される。それが旧統一教会票の現実だ。

政治的な議論は進む。被害者もいて、確かに救済しなければいけない。それは事実であり、旧統一教会が解散しようが政治的な影響力がなくなろうが、一つの責任の取り方としては理解できる。しかし、どうにも強まっているのは社会から排除せよという声だ。

私が気になっていたのは排除の風をダイレクトに受けることになる2世信者のリアルだった。団体への批判と個人への批判は同一ではないのに、彼らは彼らで社会からのバッシングに怯えて生活している。

「2世信者」という名前の2世はいないはずなのに、メディア上では、「かわいそうな被害者」としての姿か「教会と自民党のために身を捧げている洗脳された人々」という姿しかなかった。歩んできた道のりは多様であり、ひとくくりにはできない姿にこそリアルが宿るはずなのに、複雑さを回避して一緒くたにしてしまおうとする姿勢にはやはり違和感があった。

個々の実像を知らずして、統一教会を語ることはできないはずなのだが……。彼らの多くは決して愚かな狂信者でもなければ、「かわいそうな人々」でもない。あの事件以後、彼らはどのような社会を見てきたのか。

もう一つの現実を見ていくために、さまざまな境遇にあった2世信者五人の声を紹介してみよう。

一人目の2世信者

1世信者の母親と一緒に活動を続けてきた40代の女性がいる。彼女にとって信仰は生まれたときからあるものではなく、母がハマり込んだ時期に一緒になってハマってしまったものだ。それは多感な10代と重なった。彼女は過去に自分が霊感商法にかかわっていたことを告白した。

彼女を告白するまでに突き動かしたのは、同じ2世信者の女性が発した「(自分のことを)被害者だと思う」との言葉だった。「自分は加害者側に回ってしまった時期があった」と気づかされたというのだ。

母親が入信し、それに付いていくような形で10代から布教活動にも参加した。「先祖供養にいくら払わないと、あなたの子孫はこれから大変な思いをすることになる」といった文言を使って献金を集めた。母親だけでなく、彼女も熱心に献金をしていた時期はあった。家族、親族を含めて周囲にいた人々を信仰に巻き込んでしまったという自責の念は今も、彼女のなかに残っている。

「加害者」と自分を語ったが彼女もまた苦しんできたことがある。家に帰れば熱心な信仰を選んだ母と、信仰に対して一切の理解を示さなかった父の口論は絶えることがなかった。1歳下の弟は、ある時からサバイバルナイフを集めたり、狭い家の中でエアガンを撃ったりすることが習慣化した。信仰を機に、家族の関係は明らかにおかしな方向に変わってしまった。この事実は、彼女の夫も知らないことだ。打ち明けたいと思ったこともあったが、夫は「その過去は知りたくない」とだけ告げた。彼には何も話すことができなかった。

二人目の2世信者

その日、東京は曇天だった。私たちは、駅から程近い百貨店の入り口付近で落ち合った。彼は首都圏のある病院に勤務する医療従事者である。穏やかな口調で、自身の過去を語った。20代後半の彼は旧統一教会2世信者、正確には信仰心を失った元信者ということになる。

ただの信者ではない。両親は共に古参信者で、合同結婚式で結婚した日本人の父親と韓国人の母親の元で生まれ育ち、中部地方で旧統一教会の青年組織幹部として、選挙運動なども仕切ってきた「エリート2世信者」だ。今、2世のボリュームゾーンである20代後半から30代前半（2024年時点）の世界における〝エリート〟は概ね二つのパターンがあるようだ。

親が合同結婚式で結ばれることは当然の大前提として一つは父が韓国人で母が日本人、父が日本人で母が韓国人（日本同様、父系のほうを優先する文化があるとのことで、父系が韓国人でかつ教会を仕切る立場であれば特別な地位とみなされる）のパターンで活動に励むこと、もう一つは韓国の鮮文大学校に留学することだ。両親が日本人であっても子供を留学に送り出すことは一つの名誉だという。

彼の場合は韓国系の血筋とともに熱心な信仰で地域の中核を担ってきた、ということになる。

「安倍さんはいろんな宗教団体につながりを持っていた方で、その一つが僕たちという認識でした。『安倍さんが応援している』と伝道（布教のこと）に使っていた人もいるのかもしれませんが、僕はそんな言い方は『ダサいな』と思っていた。僕は山上さんの気持ちも少し分かります。僕みたいな2世信者が抱える苦しみをきっと彼も抱えていたんじゃないかって」

選挙運動といっても、彼が関わってきたのはシンプルなものばかりだ。教会に政治家がやって来て演説することもあり、それは黙って聞きにいく。2022年7月の参院選ならば「自民党」「井上義行」に投票を呼び掛けるLINEや、時に選挙応援が必要な場所が指定された案内が教会幹部から回ってくる。彼は同世代の信者たちを組織し、LINEでボランティアに行こうと呼び掛け、活動に熱心ではない信者には「たまには一緒に話そう」と誘う役割だった。

応援内容にも特筆すべきところはない。旧統一教会から応援にやって来た、と名乗ると自民党の支持者からも警戒されるため「世界平和連合です」などと名乗り、他のボランティアと一緒にビラ配りや街頭演説の会場設営を手伝って一日で解散する。こうした選挙要員が重宝されることは事実だが、主語を婦人会に変えても、労働組合に変えても、党員に変えても同じように重宝されることをやっていたに過ぎない。彼にしても名前すらろくに覚えていない自民党政治家の選挙よりも、解散後に仲間内で話す時間のほうが大切な時間だったと記憶しているに過ぎない。

韓国と日本で信仰生活を送っていた彼にとって、生活は貧しさと隣り合わせだった。

収入の10分の1を教会に寄付していた父の収入だけではおよそ十分とは言えず、狭い家しか借りることができなかった。弟も含め、親子四人で寝室を共にした。とりわけ熱心な信仰をもっていた韓国人の母は、学校のイベントで女子と手を握ったというだけで罪を犯したと見なし、罪を清算しろと彼に断食や100回の土下座を課した。早朝に起きて、経典を読む生活も続けた。

しかし、帰宅時間が少し遅くなっただけで母は彼を詰問し、一人だけ早起きをして「サタンに取りつかれてしまった息子を救ってほしい」と彼にも聞こえるように祈った。少年時代に打ち込んでいたスポーツを断念し、バイトをしながら学費を捻出していたにもかかわらずだ。バイト代のうち10分の1は献金し、イベントごとに要請される献金にも出せる範囲で協力していた。

両親が喜ぶのなら、と韓国に渡り晩年の文鮮明から「祝福」を受け、合同結婚も経験したが結局、信仰へのスタンスの違いから、祝福を受けた相手とは別れることになった。彼と両親の間で決定的な亀裂が生まれたのは、祝福と前後して彼の奨学金を両親が勝手に受け取り、無断で教会に寄付したからだ。100万円単位の奨学金が教団に流れたことが判明した。これに彼は怒った。

「僕は自分の教育費を自分で出して、社会人になってから使ってもいない奨学金の返済もしました。信仰が自分の一部だった時期はありますが、今は積み重なった虐待だと考えています。信仰から離れたいと思っている2世の中には、声を上げられない人もいるでしょう。家庭から出たところで、どうせ社会で受け入れられないと思ってしまうからです」

今、最も恐れているのは自分の過去が、職場にバレてしまうことだ。その時は黙って立ち去るしかないと思ってしまうという。

三人目の2世信者

「この前、上司に自分がどういう家庭に育ち、どうして教育関係の仕事をしたいと思ったのかを打ち明けました」とカメラの前で彼は語った。２０２２年10月中旬である。

私はその日、フジテレビ「Ｍｒ．サンデー」の取材スタッフの依頼で旧統一教会の２世信者の座談会の聞き手を務めていた。彼は、そこにやってきた一人だった。

大学を卒業したばかりという20代前半の彼は、ともに信者である韓国人の父親と日本人の母親との間に生まれた2世の元信者だ。信心はすでに無く、教育関係の仕事に就いている。

彼の父は教会長や教区長を務める幹部クラスの信者で、七人兄弟とともに熱心な信仰を求める家庭に生まれ育った。ある時は早朝5時に叩き起こされ、教会の教えが書かれた本を読まされ、教義を叩き込まれた。教会の幹部クラスといっても、家庭にお金はなく、兄弟は誰一人として幼稚園に行っていない。習い事も誰一人やっておらず、最低限の義務教育以外は奨学金などを組み合わせることで、なんとか受けることができた。周囲は恋愛に勤しむことがあっても、教義上、恋愛感情を持つこと自体に罪の意識があったと明かす。

苦悩を抱えてはいたが、周囲に相談をできる相手は一人もいなかった。そこで彼は、自分が教育に携わることで問題を変えていこうと決意する。苦しい経験をした自分がいることで、子供たちのSOSに気がつくことができるのではないかと思ったからだ。決意そのものは今回、一連の問題が注目される以前に固めていたが、これまで誰にも語ったことはなかった。だが、一気に社会問題化したこともあり心境に変化が生じた。

ある日、上司に二人で語る時間を作ってもらって、自分の境遇を打ち明けた。思い切った告白ではあったが、何も知らない顔をして仕事をするよりは、自分のことを少しでも知ってほしいという思いで言葉を振り絞った。

上司はそんな彼の思いを酌み取り、苦労に理解を示したという。少なくとも職場でわかっていてくれる人がいる。社会に出たばかりの彼にとっては、大きな経験だった。

四人目の2世信者

「あぁ、親への怒りはわかりますね」と取材で聞いた2世たちの話に理解を示したのは、旧統一教会信者が起業した会社で働く20代の2世信者である。都心の喫茶店で落ち合ったとき、あまりの普通さに驚いたのを覚えている。外見はまったくのIT系会社員のそれで、暑かったせいかゆったりとしたTシャツに太めのスラックスという出立ちだった。

政治について聞いてみると、こんな答えが返ってきた。

「親からも友人からも呼び掛けはきますよ。僕ですか？　ガン無視ですね（笑）。『井上って誰だよ？』『なんで自民党？』で終わりです。投票は政策を聞いて判断しますね。別に自民党だけにこだわる時代でもないし。その時々で投票する候補は変わるし、関心がなければ投票に行かないことだってある。僕にとっての信仰ですか？　教えの中に大切なところはあるくらいの宗教です。全部は信じていないけど、自分にとってはアイデンティティーの一部でもあるから全部を捨てることもしたくはないです」

断っておくと、彼の会社は私が調べる範囲では違法行為には加担していないし、旧統一教会の支援の下に献金目的で作られたものでもなかった。信者以外の従業員も普通に働いており、内輪の勧誘活動もない。あくまで信者が自分のやりたいビジネスのために起業したというだけだ。彼の親は数千万円以上の献金をしている。そんな親の姿を見て育ったせいか、彼やその周囲の2世は献金には冷淡で「全くしない無料会員」や「気が向いたらする」程度の信者も少なくない。「親の世代が自分の分まで献金はしたんだから、自分が払わなくても何の問題もない」とうそぶく信者もいた。

ちなみに彼はエリートと目される鮮文大学校留学組である。留学組は教会内部では一目置かれるが、事件以後、単なる韓国留学ではないことが世間に知れ渡ることになった。履歴書に書いたところで身元はすぐにわかってしまう。敏感に社会の〝空気〟を察知した彼らは、一般企業への就職を諦めて2世のコミュニティーの中で職探しという経験をすることになった。

「(鮮文大学校は)韓国では日本にもある宗教法人が作った高校や大学と同じようなものですよ。僕たちの世代だと韓国語も身につくし、損はしないかぁくらいな感じで留学を決めるのが多いかな。うーん、僕ですか。決めた理由はそんなもんだけど、今となってはここを出てたら普通の就職も結婚も無理でしょと思っていますよ。社会にどう見られているかくらいわかりますって(笑)。

僕は2世と結婚したいです。だって、普通の人と交際しても、いつかは信仰や家族を紹介しないといけないし、相手の親に説明も必要ですよね? この状況で、結婚が許されるとも思えません。石戸さん、僕たちの世代の男性信者って希少なんですよ。教団が作ったマッチングサイトがあるんですよ。正確に数えたわけではないけど、女性が10だとすると男性は1~2くらいだと思います。登録するだけでものすごく会いたいという声がかかります。写真で見るだけだけど、タイプの子もいるし会いたいですよ!」

2012年の文の死去以降、教団の最重要事項でもある結婚は彼らが作り上げたマッチングサイトに移行した。親同士が最初に会って当人たちを会わせていいかを決めたり、自分や相手に求める信仰の度合いを記したりするのがいかにもな特色だが、基本的な中身は他のマッチングサイトと変わらない。信仰の度合いは最も熱心なのが「伝統」、平日は何もせず礼拝やイベントに顔を出す「自律」、ごくたまに活動する「妥協」の3段階に分けられている。当然といえば当然だが、平日早朝から儀式に励む1世のような「伝統」を選ぶ割合は少なくなり、日常生活と折り合いをつけられる「自律」や「妥協」を選ぶ信者が多くなる。昔は神の意思に反するとされていた離婚も認められるようになってきた。

「旧統一教会も過去を反省して、偽装勧誘や高額献金、政治活動の問題点を明らかにしたほうがいい。僕たちはただ信仰と共に穏やかに暮らしたいだけだから……」

五人目の2世信者

「神とは何か?」――。

彼は、西洋哲学の根本にあるような問いを小学生の頃から考えざるを得なかった。起業家、上館誠也《かみだてせいや》は旧統一教会信者の家庭に生まれた。教義に対する疑念と対抗するために考え続けたことは、やがて有名企業も導入するビジネスアイデアの源泉になっていく。ビジネスパーソンが仕事上の悩みを哲学者との対話などを通じて、ビジネスに還元していくというマネジメントプラットフォーム「哲学クラウド」である。

なぜ彼に「哲学」とビジネスが必要だったのか。生まれから振り返っていこう。

両親はともに熱心な信者だった。父はトラックの運転手や新聞配達をしながら献金を続け、母は山口県下関市から上京したときに信者になった。手相占いを装った信者に勧誘され、そのまま布教活動にのめり込んでいったという。

そんな両親のもと、彼は山形県で生まれ、ほどなく母方の実家に近い下関市内に引っ越す。最初に疑念が芽生えたのは、小学2年生の頃だった。好きな同級生ができたのに教義の名の下に否定され、母親は彼を国内に置いて、エルサルバドルに布教活動に向かった。父が仕事に出ていくため、預けられたのは下関市内の教会だった。そこで周囲の大人の立ち居振る舞いを徹底的に観察しながら、素朴な疑問が浮かぶ。

彼らは何でも知っている「神」の教えを大切にしろと言いながら、茶菓子を口にし、世の中への不満ばかりを漏らしていた。その割には何も行動せず、おしゃべりに興じているだけだ。老朽化した教会の一角で、彼は強烈な違和感を覚えた。時を同じくして祖父の勧めで柔道を始めた上館は、家庭や教会とはまったく異なる外の世界を知る。彼には柔道の素養があった。後にオリンピック金メダリストになるような選手と組み合って勝利を収めたり、県代表として県外遠征をしたりと経験を積むことが人生に自信を与えた。

外の世界で結果を出せば、教会の礼拝に行かないことも咎《とが》められなくなるどころか、教団関係者は大いに喜んでいた。旧統一教会の世界観では、世界を神とサタンの二項対立で考える。外の世界はサタンの世界なのに、なぜサタンの世界の成果を大人が喜ぶのかが彼には理解できなかった。

小学5年生の頃、授業で出合ったディベートで論理的に考えることを学ぶ。図書館で資料を集め、本と新聞を読み、ロジックを組み立て発表するという授業は、大きな転機を与えた。外で得た自信と言葉を使って論理的に考えること。この二つが結びつき、彼は両親に論戦を挑むようになる。

「神とは何か?」

「文鮮明や神の教えを、考えない根拠にしていいのか?」

「何も考えなくていいように教会に行くのか?」

両親からは答えが得られず、教義を読み返してみても、神が存在するという説得的な根拠はどこにも書いていなかった。存在しないものの言葉を信じなければいけないという根拠もない。「神とは何か」が知りたいがために、教会で大人たちが語る言葉を熱心にメモに取ったが、ここにも説得力のある考えはない。

彼は小学生の時点で、一つの結論に達する。神とは存在ではなく、一つの判断基準にすぎない、と。そんな彼の考えを肯定してくれたのは哲学書だった。図書館で何度も読み返したのはデカルトの『方法序説』である。むろん、内容をすべて精緻に読み取っていたわけではないだろう。だが、「我思う、ゆえに我あり」という言葉は家庭内で孤独を抱えていた彼にとって、最大の支えになったという。神について考えてきたのは自分だけではなく、神への思想は西洋哲学に刻まれていると知った。中学、高校と進学しても我流でカントやニーチェの著作を読み漁《あさ》った。神の教えを実行するのではなく、自分の人生において大切なのは自らの頭で考え、切り開いていくことだという思いを強くした。

上館の回想――「もし神がいるのならば、旧統一教会がファンドを作って、なんでも知っている神に、明日の株価を聞いて運用すればいい。信者から献金を集めるより、はるかに効率的にこの世に出回ったサタン側のお金を投資で手に入れることができる。教義に則して考えれば、そのほうが世界を良くする近道だろうと。なぜやらないのか？そんな話をしても親も含めた信者から納得できる答えは返ってこなかったんです。結局、彼らは何も知らないだけなんです」

彼の両親を含めて献金を繰り返し、困窮する信者は珍しくない。神はなんのために存在するのかという問いは、そのまま教義の矛盾と結びつくのである。

信者の中には「矛盾はわかる。でも、だからこそ離れるのではなく、教義をより良くしていくために教団に残る」と語った者もいた。だが、大半は彼の語ったことを理解しようともしなかった。結局、彼らが求めているのは所属することによって自分の存在が承認されるコミュニティーであり、信仰や「神」はそのお題目にすぎない。それが彼のたどり着いた結論だった。

彼は家族の信仰からも、教団からも完全に離れることができた。人生は思考によって、条件を変えることができる。彼は考えることによってのみ、自分の存在を実感することができた。

立命館大学への進学と同時に親に一切頼ることができない学費をどうまかなうか、という課題が現実的なものとして降りかかってきた。時代は最初の学生起業ブームの真っただ中だった。彼も大学時代から英単語を効率的に学ぶアプリ「mikan」を開発するmikan（Yenomへ社名変更し、2021年に清算した。現在のmikanはYenomから教育事業を切り離して設立した会社）を共同創業し、スタートアップの立ち上げに熱中した。

学費をまかない会社を成長軌道に乗せたところで、経営からは離れたが、ビジネスパートナーに常に問うていることがあった。日本に住む誰もが、英語をネイティブ並みに話せる世界を〝ミッション〟だと語っているが、なぜそれを自分たちがやらなければいけないのか。学生が威勢のいいことを掲げれば、時代の空気も後押ししてお金を集めることはできた。だが、それだけだった。

人生経験も乏しい若者が、いくらお金を集めたところでうまく組織を作ることに課題が残った。組織をうまくマネジメントできなければ、会社を継続的に成長させることはできないのが現実である。関心は組織作りに向かった。

入社したリンクアンドモチベーションは、心理学や行動経済学などの科学的知見を取り入れ、ビジネススキルや社員のモチベーションを分析することを得意としていた。それには背景もあった。創業者も哲学に関心を持っていることを公言していた。哲学の話ができる上司もいて、仕事を通じてただ学ぶだけでなく、学んだことをすぐに実践できる環境も整っていた。貪欲に学び、経験を積んだ。若いビジネスパーソンらしい発想で、そのまま自分の力を試したくなって独立した。

次の職場は個人のコンサルタントとしてかかわることになるリクルートだった。

前職の経験を活かした組織変革に取り組もうとしたのだが、狙いはことごとく外れる。失敗の要因は細かく挙げればいくらでも出てくるのだが、根本にあったのは「方法」のニーズを完全に読み誤ったことだ。端的に記せば、現場が求めたのはすぐに応用可能かつ問題の解決が可能な具体的な方法であり、ある側面から見れば迂遠《うえん》なことばかりが書かれたマニュアルではなかった。

科学的な方法論は組織全体を見渡せば効果が出るものを教えてはくれるが、個々人が抱えている悩みに寄り添う方法までは教えてくれない。自分の理想を押し付けるばかりでは、ビジネスはうまくいかないのだ。大事なのは「納得」にあった。

そこで彼はもう一度、自身のビジネス観を問い直すことになった。

ヒントになったのは、彼が直《じか》にみてきたビジネスパーソンの姿だった。自己分析の定番的な手法の一つに、モチベーションをグラフに書き込むというものがある。落ち込んでいた時期であるにもかかわらず、会社の目を気にしてか、一貫して書き込み続けている人がいた。自分のやりたいことを問われたとき、器用な社員は言葉巧みに会社の価値観に近いことを言うが、うまく取り繕うことができないことに悩む不器用な社員もいた。上司とうまくコミュニケーションをとり、一見するとうまくいっているように見える社員でも、実は自分が本当にやりたいことを見失っていた。

社員としてこういうふうに働かなければならない、という思いばかりが先にあり、理想と現実のギャップに苦しむ。自分で考えることよりも、絶対的な理想や正解を求めて苦しむ。これは彼が人生のなかで接してきた、カルト宗教の教義を絶対の存在と崇《あが》め、何も思考しない人々の姿となんら変わらなかった。

社会はカルト宗教の信者をおかしな人として扱ってきたが、彼には一皮剝けば〝信仰〟の対象が違うだけで、カルトにのめり込む人々と地続きの人々が一般社会にも確かに存在しているように見えた。

彼が旧統一教会と向き合うなかで身につけたのは、哲学を武器にした自己、そして本との対話だった。

自分は何に関心があり、どうして企業経営をするのか。どんなサービスを提供したいのか。それはなぜ必要なのか。それを言語化するためのヒントが哲学にあるとするならば……。ビジネスプランは一気に固まった。彼のビジネスに協力する哲学者も現れ、かくして机上のプランは現実のものになる。

彼が提供する「哲学クラウド」は、開始直後に大手企業からも導入のオファーがやってきた。

実際に使うと思わぬ反応があった。実は幹部クラス、経営者でも自分のやりたいことが見えないという悩みを抱えている。口にするほどの不満はなくとも、このままでいいのかという漠然とした不安が確かに存在しているのだ。そんな人々は哲学者との対話を通じて、はっとした表情を浮かべながら自分を再発見し、次を構想する。パーパス、ミッション、バリュー、ビジョンというビジネス用語が飛び交うビジネス界にあって、あらためて根幹から考える力が見直されていると見ることもできる。

そういえば、と思う。かつての学生起業ブームを牽引《けんいん》した起業家の多くは、もう残っていない。それはなぜか。彼は「哲学」の不足を要因に挙げた。身近に接してきた経営者の中で、なぜその仕事をやりたいのかを言語化できる者は圧倒的少数派だった。

根幹から問い、考える力がなければ一時のブームで終わっていく。思考への絶対的な信頼が、上館の原動力だ。彼は、生まれながらの逆境を越えていった経験を力に変えていく。今は真価を発揮する途上なのかもしれない……。

カルト批判者のカルト的側面

私が取材できた2世は限られてはいるが、その範囲でも苦しみや対処法、信仰への向き合い方は多種多様であることがわかる。カルト宗教対策に単純な解はないが、彼らの生き方は絶対に外してはならない一点を示唆している。

カルト対策でかなり注目されたのはフランスの「反カルト（セクト）法」だ。これをテーマに論文を記した山形大学教授の中島《なかしま》宏（憲法学）によれば、フランス議会のセクト調査委員会はまず、カルトか否かを判断する「10の指標」、そして統一教会を含む173団体を名指ししたブラックリストを作成した。10の指標には、「法外な金銭要求」「元の生活からの引き離し」「反社会的な説教」といった、いかにも旧統一教会を想起させる言葉が並ぶ。だが、フランスにおいて、この指標は裁判所で積極的に採用されているわけではないし、ブラックリストに至っては首相通達で否定されてしまった。

指標で問題だったのは、基準が曖昧だったことだ。例えば、何をもって「反社会的」とするか。フランスにおいても疑問の声があがった。カルト的な団体や指導者が殺人や虚偽広告などで有罪判決を受けた場合には、裁判所が団体の解散を宣告し得ると規定されているが、中島が知る限りで解散に至った事例はない。

「反カルト法ができたときのフランス国内の世論は、今の日本と似ているかもしれない。リベラル左派の支持層にも、カトリック保守にも、『カルトは宗教ではない』『カルトを取り締まろう』という主張は受け入れやすい。『カルトを根絶するぞ』と法を作ったもののの、いざ取り組んでみると法律には曖昧な概念が多く含まれ、信教の自由との兼ね合いで慎重にならざるを得なくなった」

旧統一教会とも向き合い、カルト信者の脱会支援を続けてきた瓜生崇もカルト対策を模索してきた一人である。彼が懸念しているのは、過剰なバッシングで信者が社会から差別され、排除されることだ。瓜生自身も新宗教親鸞会の元信徒で、現在は滋賀県で真宗大谷派の住職を務めている。彼は旧統一教会問題で毎日新聞のインタビューに答えただけで「壺側（旧統一教会擁護派）」という批判がSNSに寄せられ、抗議する人が寺にまでやって来た。

これまでカルト問題に関心を持っていなかった人々が、地道に脱会支援を続けてきた者を侮蔑し、叩くなかにあって、彼は冷静だった。

「カルトの歯止めとなるのは、社会に対して開かれていること。有効な脱会支援は、カルトであっても信教の自由があるとまずは認めて、信者の迷いやもがきと向き合うことにある。統一教会が過去にやってきたことは全く支持しないが、全員が悪人というのもあり得ない発想なんです」

ある宗教と関係を絶つとは何を意味するのか、と瓜生は問い掛ける。例えば、仏教団体は「死刑廃止」を掲げて政治家に近づくこともあれば、政治活動のボランティアに関わることもある。そうした自発的なボランティアに対し、政治家が思想、宗教をチェックすることはできるのか。

「政治活動は癒着ではないし、（ボランティアに対して）思想や信教のチェックは絶対に許されない。宗教が政治に訴えるのは自由です。旧統一教会が『反社会的』だから政治に関わってはダメだという主張もある。でも、伝統宗教だって寄付やお布施の問題はあるし、旧統一教会だって２００９年以降は霊感商法もかなり減っている。今、違法な行為に手を染めていない穏やかな信仰生活を送っている信者はどうなりますか？　２世のほとんどは穏やかなものです。彼らを暴力団と同じ扱いにするなら信仰を理由に銀行口座開設も許されなくなる社会がやってくる」

特定の宗教を法人としてつぶしたところで、信者の信仰は続く。だが、届け出も登録もなくなってしまった宗教は地下に潜ってしまい、問題を起こしたとしても責任を取る主体すら明らかではなくなる。現実を見極めず、過激な言葉で旧統一教会を批判する人々の思慮の浅さを瓜生は危惧している。

私が観測する範囲でも、霊感商法こそ減ってはきたが、被害はゼロではないし、身分を明かさない偽装勧誘はいまだに続いている。これをやめさせる必要があることには異論がない。ただし、旧統一教会を批判する側にも、相手の実像を見極めるより深い思考が必要になる。

彼らは最初に記したように政治家の主張を巧みに利用して「大きな影響力」があるよう振る舞う。最近は自民党のなかでもとりわけ保守系が好む家族観を強調するが、鳩山政権時には、鳩山がこだわる「東アジア共同体」は日韓トンネルを掘ることで近づく、と教団の理論的支柱だった梶栗は熱心に説いてまわっていた。保守的な家族観は彼らのアイデンティティーではあるのだろうが、リベラル派も多かった民主党政権であっても彼らは支えようとしていた。先にも記したように鳩山も旧統一教会との接点はあったことも大きいだろうが、影響力があるように見せるという以上のものはない。それを証明するように、現在の彼らの歴史観では「民主党左翼政権と対決した」と見事なまでに修正されている。あっさりと歴史を修正したのは自民党に再び政権が代わり、安倍が声高に主張する「悪夢の民主党政権」論に寄せたためだ。

結局、内部にいた上館が喝破したように主張の整合性など旧統一教会は大切にしていない。彼らは使えそうな政治家に合わせて、強調するポイントを変えるだけだ。

結果として旧統一教会の主張のなかでいくつかが、時の政権の主張と重なっていたと見るのが実証的な取材を通して得た視点である。本質は文夫妻が主張してきた大目標、例えば南北統一を推進するために信者に「勝利に近づいている」感を出すことにあったのではないか。それは、目先の目標のために多少の妥協はやむなしという姿勢の政治家との相性が良かったのだろう。

カルト対策に魔法の杖はない。フランスの対策から学ぶ点は、威勢よく反カルトを掲げても、結局は多くの宗教に「信教の自由」を認めた上で、個々の違法行為を厳しく取り締まっていくという方法に落ち着いた現実のほうにある。その上で「子供が学校に行けなくなった家庭」に献金の返金を認めさせること、さらに違法行為が認定された宗教団体を教育現場で名指しして、入会をしないよう呼び掛けるといった具体的な方法の検討も必要だ。

カルトの罠は、「旧統一教会」の排除を欲望する側にもある。旧統一教会のようなカルトを弱体化させる効果的な方法、そして外してはならない一点は信者を差別・排除せず、社会には多様な受け入れ先があることを示し続けることだ。

排除は内部の結束を生み、結束は極化を招く。社会と折り合いをつけて穏やかな信仰生活を選ぶ2世信者が増えれば、教団の姿は変わらざるを得ない。今回の事件を受けて、自らの信仰と向き合う2世が少なくないことは変化の兆しを意味する。

教団で活動する韓国留学エリート組の女性たちと話したことがある。その中で「ごくごく普通の2世の感覚」という言葉があった。彼女たち曰く、問題を抱えている家庭があることは事実で、被害を訴える人々への対応そのものはまったく否定していない。エリート組の女性の一人はぽつりと「私たちは親世代と違って、〝政治活動なんてやめてもいいじゃない〟と思っているんですよ。それよりも毎週教会で祈って、結婚して、仕事もしながら幸せな家庭を築きたい。そんなに贅沢なことは望んでいないんです」と語っていたが、多くの2世――それは私の観察範囲とも相違はない――は信仰への思いが強い人々であっても1世のそれほどではない。特に男性はその傾向が顕著で、仕事を通じて社会の中に居場所を見つけてしまえば信仰がより薄まっていく。

被害を受けたと主張する2世の救済策を進めることと、社会の中で生きていくことを選ぶ2世の人々を受け入れることはまったく矛盾しないはずなのに、後者は排除に怯える。

社会が受け入れるために必要な蓄積は既に出そろっている。例えば、瓜生ら脱カルト支援の現場が培ってきたものの中に。彼の言葉を記しておきたい。

「《自分たちは絶対善の正しい存在、相手は絶対悪》という思考こそがカルト的な思考なのです。社会がそれにとらわれてはいけない」

無邪気に「排除」を主張した人たち

瓜生の言葉が何か虚しく響くくらい、その後は、自分たちは「絶対善」の側にいると思っている人々の声ばかりが強まっていったというのが私の見方だ。

問題が発覚してからというもの、散々取り上げられた教団の政治的影響力については、すでに証拠が出揃っていると言えそうだ。

結果的に彼らは解散命令請求を出されることになった。宗教法人にとって「死刑判決」に等しいものだ。解散命令を巡っても「あれだけ旧統一教会の影響力があった、自民党政権では出せない」といぶかしむ声は上がっていたが、結着は驚くほどあっさりとついた。しかも担当した文部科学大臣はその後、旧統一教会から選挙支援を受けていたことが大々的に報じられることになった盛山正仁だ。

２０２３年9月、旧統一教会問題が大いに注目を集める中、大臣に就任した盛山の会見には旧統一教会の問題を追及してきた人々からも一定の評価が上がっていた。「ようやく文科大臣が対応してくれた」というわけだ。10月に文科大臣としてはっきりと会見のなかで述べている。

「旧統一教会は、遅くとも昭和55年頃から長期間にわたり継続的に、その信者が多数の方々に対し相手方の自由な意思決定に制限を加え、相手方の正常な判断が妨げられる状態で献金や物品の購入をさせ、多くの方々に多額の損害を被らせ、親族を含む多くの方々の生活の平穏を害する行為を行いました。被害の規模という点で申し上げますと、不法行為として旧統一教会に対する損害賠償請求を認容する民事判決は、文化庁において把握した限りでは32件であり、一審で請求が認容されるなどした被害者の総数は169人、認容等をされた総額は約22億円、1人当たりの平均金額は約1320万円におよびます。（中略）さらに言えば、被害はその金額が示すものに留まりません。人により様々ではありますが、献金のために保険金や退職金など、将来への蓄えを費消してしまい、あるいは家族に無断で貯金を使ってしまうなど、家族を含めた経済状態を悪化させ、将来の生活に悪影響を及ぼし、また献金しなければならないとの不安に陥ったり、家族関係が悪化するなど、本人や親族に与えた精神的な損害も相当甚大であると考えられます」

この会見時に旧統一教会との関係云々という問題は上がっていなかった。これまで刑事事件のみ、それも国家転覆を図ったテロ集団でもあるオウム真理教のように教祖や幹部が組織的にかかわるような刑事事件にしか適用されてこなかった解散命令請求の前例を世論の動きに押されるかのように大きく変えて、旧統一教会問題のために適用を変えたことに賞賛する声は確かにあったのだが、もはや過去のものになっている。

盛山が旧統一教会との関係について有権者に対して説明を怠っていた、あるいは虚偽といわれてもおかしくない説明をしたという点において責任を追及されてもいいし、彼の姿勢を擁護する気もないが、見方を変えれば盛山の決定に「影響力」の実態が見えてくるとは言える。どう見ても、旧統一教会は活動を始めて以降、最大のピンチに陥っていた。人間に喩えるのなら「死刑」を目前にしているのだから当然だろう。もし政治的な影響力を持っているのならば、ここで公然と行使するしかない。自民党を牛耳っていたのならば、なおさらだ。あらゆるチャンネルを駆使して官邸やメディアに圧力をかければいいのに、何かをやったとしても無視できるほどでしかなかった。結果、選挙で応援したはずの文科大臣に要望を通すほどの力もなくあっさりと前例を変更されてしまう。この事実が示しているのは、自民党政権に対して圧力をかけることすらできなかったということだ。

「旧統一教会の主張は被害を矮小化しており信じられない」という人々であっても、なぜか旧統一教会の政治的な主張だけは批判的に検討することなく「こんなにも自民党を支配していた」という言説に囚われていた。彼らの主張は信じられないとするのならば、従って政治的主張も単に盛《も》っているだけというのが筋なはずだ。

　私の主張はここまで繰り返してきたように、彼らは「自分たちを実態より大きく見せている」だけで、自民党に影響力を持っていたかのように振る舞い、民主党政権下ではすり寄るような発信をしていた。それだけであり、彼らの主張をまともに相手にする必要などないというものだったが、事の経過を見るにおよそ間違った判断だったとは思えない。

むしろ禍根を残してしまったのは、やはり排除したいという欲望だ。

信者を排除することはカルトに対して脆弱な社会を招くと記したが、立憲民主党のようなリベラル系の野党が率先して排除を肯定するような動きをしたことを忘れてはいけない。国会のなかで公然と「信者か否か」を告白せよと迫ったことを党として擁護してしまった。議会で個人の信仰告白を迫ることは、明らかに不適切である。問題にすべきは国会議員の「説明」や「行為」であって、内心ではないはずだ。

少なくとも、私が勤務してきたメディア企業において、採用面接で宗教や思想について告白を迫られたことはない。それは出自、性的指向や性自認を問うことと同様の行為だと捉えられているからだ。国会で「あなたはＬＧＢＴＱか」「安全保障にかかわる問題なので、あなたの親族に外国籍がいないか戸籍を公表し、いないことを証明せよ」と問うことがいかに愚かな行為かを想像すればいい。言いたくないことを告白しない自由は、いかなる場面でも保障しなければいけないはずだ。

さらに言えば、リベラル系メディアやSNSで目にする多くの旧統一教会批判については、自民党は保守でありながら「反日」的な宗教から支持を得ていたではないか、という論理が一定の支持を得た。「反日」は本来なら右派、それもより極端な右派が使ってきた非難の言葉だ。そんな言葉をわざわざ使わなくても批判はできるはずなのに、右派に感化されるように使ってしまった。反日か愛国かという問いを使って何をしたかったか、と言えば目先の政争を優位に進めたいというだけだ。

太田光の正論

社会の反応もメディアも目先の問題ばかりにとらわれた結果、深い洞察よりも何かにつけ排除へと走ろうとした。ターゲットにされた筆頭格がお笑いコンビ「爆笑問題」の太田光《ひかり》だ。旧統一教会問題での発言は「教団擁護」と批判され、大バッシングを引き起こした。炎上した代表的な発言の一つは、太田が司会を務める番組「サンデー・ジャポン」での旧統一教会をめぐる問題の「きっかけがテロだったことをマスコミは自覚しなければいけない」というものだ。これ自体は常識的な発言のはずなのだが、自民党擁護、あるいは旧統一教会擁護だと受け止める人が少なからず存在した。

「昔は良かったのに」「あいつは何ものを知らない」と言われ続けたあげくSNSでは「太田光をテレビに出すな」という言葉まで流行した。以下、私のインタビュー（「ニューズウィーク日本版オンライン」2022年12月13日）に対し、大炎上の渦中に太田が語ってくれた言葉を引用する。

「『どうした太田光』『彼はこれを読めば旧統一教会問題が分かる』というような記事が一般紙や大手の週刊誌でも出たよね。そこで挙げられた文献は、そのくらい読んでいるよというものばかりだった。公に無知であると決め付けられたこと。これは精神的には普通の炎上よりもきつかったね」

旧統一教会をめぐる発言は、単なる賛否を超えて、強烈なバッシングと〝無知〟な太田にものを教えてやれという動きに発展した。（中略）

「単なる殺人事件が、社会的メッセージとして有効に機能していいのかという思いが先にあったんだよね。俺は（安倍晋三元首相銃撃の容疑者）山上徹也が引き起こした事件は一つのテロだと思っている。

　俺はなんで山上容疑者がこの事件に及んだのか、という背景にはすごく興味があるし、知りたいと思っている。彼が記したとされるツイッターの投稿を読んでいたとき、この人は（バットマンの悪役）ジョーカー、特にホアキン・フェニックス主演の映画『ジョーカー』に心酔しているんだと感じた。映画の中のジョーカーは、犯罪そのものを表現だと考えるダークヒーローだけど、実際の社会にいたら、凡庸でつまらない殺人者にすぎない。やったことは単なる犯罪でしょ、って言ってあげないといけない。

　マスコミは山上容疑者が犯行に及んだ背景を掘り下げたり、旧統一教会と政治家の関係を報じたりすることは当然のことで続けないといけないけど、同じかそれ以上の熱量で、暴力も否定しないといけないと俺は思う。暴力に訴えることで何かをかなえてしまう、ヒロイックな気分を満たすという成功体験を与えると、ほかにも刺激を受ける人々が出てくるからね。

　人間の行動原理、犯行動機は一つではないはずだし、断片的な情報を頼りに安易に政治と宗教の問題だけを大きく取り上げていいのか、という思いは今でもある。断片的な情報を頼りにして、彼をダークヒーローにしてはいけない。（中略）

大体の宗教は、その宗教を信じていない人々からすればおかしな教義を持っている。だから教義そのものを批判してもしょうがないし、世論が支持しているからといって解散させればいいものではない。論理の部分を詰めないといけないということが、俺のずっと言いたかったこと。宗教法人を解散させるならさせるで、法にのっとってやればいい」

一連の発言の中で、太田には「芸人だからどうせ逆張りしているだけ」「もっと勉強しろ」という声が寄せられた。彼はどう受け止めていたのか。

「いや、俺は順張りですよ。テレビで、自分が思ってもないことを言えないんですよ。俺はもともと、視聴者の感覚と合っていると思ったことがないのね。

それでも何か言えば、外から無知だと決め付けられる。それで、炎上騒動の中で『あれ？　もしかしたら……』と、自分と今の2世信者、現役信者に起きていることは、ちょっと近いんじゃないと思ったんだよね。あいつは無知だと決め付けられて、説得されるのはやっぱりつらいと思う。

話を聞けば、信者の中には問題は起きていると知っているのに、居場所がそこにしかないから穏やかな信仰を続けている人もいるわけだよ。彼らに『おまえは分かっていない、おまえの親はおかしい』と言ってしまう社会と、俺へのバッシングの根っこにあるのは、どこか同じことじゃないかと考えた。人の心は力ずくでは変えられない。外から決め付けて、変われるほど単純なものではない」

あらためて読み返してみても、太田の言葉は一理あるという話でしかない。思慮深く言葉を選んだ芸人をテレビに出さないとなれば、そうした社会のほうが恐ろしいと私は思う。「空気」というカルト思想に侵食された社会なのだから。

旧統一教会が揺るがした社会に何が残ったのか。ここであらためて問う価値はある。暫定的な解だが、私たちが直面してしまったのは「《自分たちは絶対善の正しい存在、相手は絶対悪》」と考える人々がターゲットを批判するだけ批判して、さらに深い不信感を植え付けただけで忘却する社会だ。不信と忘却の連鎖を止める特効薬はないが、少なくとも熱狂の渦のなかにいたとしても思考を止めずにいることは歯止めにはなる。

空気や熱狂に影響されてしまう思考は大したものではない。忘却してはいけないのは、こんな当たり前の事実である。

吉村洋文

敵多き普通の男の苦悩

敵か味方か

2020年に大阪のニュース番組でコメンテーターを務めるようになってからというもの、私のもとには定期的に異なる〝極端〟な意見が寄せられるようになった。一つは「あいつは維新に寄りすぎている。何にもわかっていない」で、もう一つは「あいつは反維新。何にもわかっていない」というものだ。その派生系に「どうせ大阪のメディアでは維新の政策を批判できない」といった俗説もある。実際に出ている側、報道側からするとそんなことはまったく無くて気骨ある記者も東京と同じように〝一定数〟いるのだが、関西の外ではどうも知られていないか、知ろうとする気概もないせいかインターネットで流れるコタツ記事の影響で俗説に流される人が多いことがよくわかった。

いずれにせよ共通しているのは、彼らから見て私が物事をわかっていないということ、そして文面から激しい怒りを感じることだ。維新はどうにも一部とはいえ人々の感情を刺激する存在になっている。2025年に開催される大阪・関西万博の是非も刺激に拍車をかけている。

私のスタンスはさほど特別なものではない。地域政党の大阪維新の会、国政政党の日本維新の会ともに「普通の政党」になってきており特別に扱う必要はない。彼らの政策に賛成することはさほど多くはないので否と思えば批判はするが、この三十数年で致命的なまでに冷え込んだ関西経済の立て直しは人々の生活のためにも必須であり、そのために必要な政策には賛成はする——だ。おそらく、こうした立場が一部とはいえ人々の感情を刺激して両極端な反応を引き起こす。

維新に対する両極端な反応は、新型コロナ禍を経て、維新の中心人物へと確固たる地位を固めた大阪府知事・吉村洋文とも重なっている。否、むしろ選挙の強さ、漠然とした評価と強い批判が渦巻く吉村という存在は、現在の維新という政党を象徴している。

吉村、そして維新には大きな謎がある。それは吉村本人や維新に反対する人々、あるいは府外の人々には新型コロナ対策、大阪・関西万博で致命的な「失敗」が続いているように見えるにもかかわらず、足元からは吉村を評価する声が多いという事実だ。「大阪府民」という主語で「何もわかっていない」論を繰り出す人々はいまだに後を絶たない。党派性は目を曇らせる。

結果は出ているのか

側近の大阪維新の会幹部の横山英幸（取材当時は府議、現在の大阪市長）は、2020年からの3年間、すなわち新型コロナ禍に直面して以降、吉村が「大阪の医療を（20年の）ニューヨークのような状況にしてはいけない」と、知事室で繰り返し語る姿を何度も目にしてきた。大阪の感染状況は何度も急速に悪化し、府が描いたシミュレーション、それも最悪の想定に沿って重症患者数は膨れ上がった。通常の医療体制は完全に崩壊した。途中からブレーンを刷新し、インターネットやメディア上で強い発信力を持った忽那《くつな》賢志《さとし》（感染症専門医、大阪大学教授）らを迎え入れても何回も危機に見舞われた。障害者施設が実質的に病院化し、施設内のアウトブレイクに職員らが必死に対応する事態が各所で相次ぐ。「大阪の新型コロナの死者数は多い」ことは確かな事実で、多くの批判の声が上がった。

最初期の流行時には会見の中で唐突に、新型コロナウイルスの感染拡大防止策として、イソジンをはじめとするポビドンヨードを含むうがい薬を推奨した。ところが医学的根拠が薄弱だと多くの批判にさらされた。当時の会見映像はSNS上に転がっている。私権の制限に慎重だったはずの吉村が途中から「社会不安、社会危機を解消するため、個人の自由を大きく制限することがあると、国会の場で決定していくことが重要だ」と踏み込んだが、そこでも批判が巻き起こった。

それ以外にも失敗はある。

コロナ対策以外にも目を向けてみよう。維新の目玉政策である「大阪都構想」への賛否を問うた2度目の住民投票に吉村を前面に押し出す形で踏み切ったが、圧倒的優位という事前の予測を覆され、結果的に反対派の逆転を許した。都構想敗北は、維新という政党のアイデンティティーを揺るがすような危機ですらある。しかも、新型コロナ流行の中で住民投票を強行したのだから、吉村への批判がもっと強まってもいいはずだ。「失敗」についての吉村の言い分は、連日報道されてきたが、「政治は結果責任」という彼らも好む格言に従うならば、肝心なところで結果は残せていない。

それでも2020年12月末、朝日新聞の郵送による世論調査の結果によれば、依然として新型コロナ対応で最も評価の高い政治家として名が挙げられており、以降も少なくともリーダーとしての顔は保ち続けている。ちなみにこの調査で圧倒的に引き離されているとはいえ2位につけた東京都知事・小池百合子への期待感の乏しさに比べてみるといい。新型コロナ禍はその後も収まることはなく、幾度となく緊急事態宣言に追い込まれたが支持は揺らぐことはなかった。

まだ2期目を目指すかどうかは不透明という時期にあっても、府政を長く取材してきた在阪ベテラン記者は冷静に見ていた。

「大阪では野党の自民党、それに大阪では根強い人気がある辻元（清美）さんが先頭に立つ立憲、組織票のある共産も支持できるような統一候補を立てたとしても、吉村さんに選挙で勝つというのは並大抵のことではない。単に2期目だから強いというわけではなく、潜在的なニーズを掬い取っている。大阪府民は維新に騙されている、というのは東京や他地域の見方。選挙はそんなに単純なものではないし、大阪の有権者だけが騙されているという話に根拠はない」

かくして2023年の統一地方選を圧勝した吉村体制は2期目へと歩みを踏み出した。

維新と吉村が重なるという私の主張は2021年衆院選に続き、2022年参院選でも日本維新の会（維新）が議席数を大きく増やしたときの反応からわかる。衝撃的な安倍晋三元首相の銃撃事件が伝えられるまで、参院選の数少ない選挙の注目点だった。結果、維新は改選議席を12議席に倍増させ、参院で計21議席に乗せた。伸長を予測するニユースが流れるたびに、人々の反応は大きく三つに分かれていた。第1に伸長を歓迎する熱烈な支持層、第2に熱烈な反対層、第3に可視化されにくいが確実に存在している「積極的に支持もしないが、だからといって拒否もしていない」層である。まさに吉村の選挙戦とそっくりなのだ。

大阪以外のエリアから維新という政党は謎めいて見えることも同様だ。時に自民党に接近し、核兵器について自民以上にタカ派的な発言が飛び出したかと思えば、「改革」を旗印に掲げ、自民も立憲民主党も批判する。維新のキャッチフレーズ「身を切る改革」に賛同する人々の存在は分かりやすい。維新が推し進める大阪都構想、カジノの大阪誘致などもってのほかという批判に共鳴する人々もSNSで多数観察することができる。これらの支持、不支持層は可視化されやすく、主張を並べたとしても、それは吉村にしても、維新に対する感情レベルのぶつかり合いを記述するにすぎない。問いはこう変える必要がある。

すなわち、なぜ吉村は支持され、維新は伸びることになったのか？「潜在的なニーズ」とは何か？

看板政策である都構想には反対しながらも、選挙では維新の吉村を支持する大阪の有権者の民意――。謎はふくらむばかりだが、強い賛意も反対も目を曇らせる。

素顔の吉村

あらかじめ結論を示しておく。大阪の有権者も維新の支持層もパフォーマンスやメディアに踊らされていたわけではなく、冷静で合理的な判断として、彼らを支持している。すべては、そうした現実を受け止めて、理解するところからしか始まらない。反対派が待望する失政を繰り返しながら、しかし反対派を圧倒する票と支持を集めてきた「吉村洋文」という存在から探ってみたい。

私が吉村に直接、話す機会を得たのは、2021年4月6日だった。コメンテーターとして出演していた朝日放送のニュース番組に、吉村の出演が決まったのだ。この日、大阪は過去最多（当時）となる新規感染者数を記録していた。今となっては歴史の一ページ、あるいは過去の記憶になってしまったかもしれないが、時代の空気感も含めて記録しておく。吉村は、この事実を真剣に恐れていた。隣の席で「感染者数は719人、過去最多です」と発表した時の表情は、演技やポーズとは言えないくらい強張っていた。

それも当然で、その時点での大阪の重症病床数は最大で224床だったが、早晩これ以上の重症者数となることは予測できていたからだ。その点を踏まえて、私は医療体制について、いくつか質問をした。

「変異ウイルスが流行している以上、重症病床数224床は明らかに足りなくなる。ここから増やせる見込みはあるのでしょうか?」

これに対して吉村は、メモなどを見ることなく答えた。

「ICU(集中治療室)はそもそも都市部においても多くなく、大阪でも数に限りがある。主に中等症を治療している基幹病院でICUがあるところは、重症患者を専門的に治療していた病院に転院ではなく、その病院で重症を治療してくださいとお願いすることになる。224床から増やすことは可能ですが、飛躍的に増えるということはないです。しかし患者数は飛躍的に増えていますから、ここを抑制しないといけない」

重症病床を増やすにも限界があるという現実を、甘い見込みや希望的観測を排し、踏み込んで語っていた点は、反対派が言うほど無責任なものとは思えなかった。その後、打ち出した不急の手術を延期する要請も理にかなったものだった。

無論、私は諸手を挙げて彼のすべてを擁護する気はなかった。吉村が府民へのアラートとしていた、通天閣などを赤く染める「医療非常事態宣言」にどれほどの効果があるのかという疑問は最後まで消えなかったし、府外からの医療支援も要請したほうがいいのではと思った。

しかし、初対面の印象は決して悪いものばかりではなかった。私の記憶に強く残っているのは、オンエアー中に連呼していた「府民へのお願い」や「方針」よりも、CM中にぽつり、ぽつりと自身の職責について語っていた言葉だった。

「体というより、気がしんどいですね。常に感染者数のこと、病床のことばかり考えていて、気が休まらないです。感染が広がれば、亡くなる人は増えます。医療従事者はずっと大変な状況にいる。飲食店をやっている友達だっていますし。かたや感染しても自分は大丈夫と思う人もいる。難しいですよ、社会は。いろんな立場の人がいますから」

ただ一方的に「敵」を仕立て、自分を正義とする構造を作るのではなく、綺麗事だけではすまない複雑な社会と丸ごと向き合おうという気概は感じられた。

目立たない弁護士

吉村洋文

吉村は1975年、大阪府南部に位置する河内長野市のサラリーマン一家の家庭に生まれた。勉強がよくできるタイプだったようで、地域の名門・府立生野高校を卒業した吉村は、九州大学に進学し、23歳で司法試験を突破する。

弁護士時代に目立った仕事は二つだ。第1に、当時勤務していた東京の熊谷綜合法律事務所で、消費者金融大手「武富士」の顧問弁護士団に加わり、批判するメディア相手の訴訟まで担当していたこと。この〝実績〟は2度目の住民投票から今に至るまで批判材料になっている。当時を知る弁護士——それも武富士と対峙していた弁護士と、武富士側で同じような訴訟を手掛けていた弁護士——に聞いてみたが、いずれも拍子抜けするほど何も出てこなかった。彼らが口を揃えたのは私が取材で尋ねるまで吉村が関わっていたことなど全く知らなかったこと、そして弁護団の一人にはいたかもしれないが記憶には全く残っていないというものだった。

第2に独立後、大阪を代表する大物芸能人にして、当時、維新を率いていた橋下《はしもと》徹とも深い親交があったことで知られる、大物タレントの故やしきたかじんの顧問弁護士だったことだ。これが人生の転機となった。2010年4月に結成された大阪維新の会は、翌年の統一地方選に挑むための候補者を探していた。橋下に対し、やしきがつよく推薦したのが吉村だ。タレントとして大阪各局でレギュラー番組を持っていたやしきは、最晩年には政治にも発言を繰り返し、強い影響力を持つ保守系文化人という色を強めていた。橋下はやしきの提案を受け入れ、吉村もまた推薦に応じることによって政治家への道を歩みはじめる。その時、誰もが吉村が維新を支える存在になるとは思いもしなかっただろうが、最初の一歩は維新らしい選挙戦だった。

維新の選挙戦には二つの顔がある。支持基盤の大阪と、第三極の野党として追う立場にある他の都市部の違いだ。なぜ大阪において確固たる支持を確立したのか。それは橋下とともに維新を立ち上げた二人、前大阪市長・松井一郎と、盟友の元大阪府議・浅田均、三人の出会いから描き出す必要がある。

「維新」の生い立ち

話は2004年にまでさかのぼる。当時、自民党に所属していた松井と浅田は、大阪府議団の「反主流派」として、同年の府知事選では自民が推薦した現職知事、太田房江に公然と反旗を翻し、民主党を離党したばかりの江本孟紀《たけのり》の支援に回った。背景にあったのは、同じ自民推薦の政治家であっても府と市で全く別の公約を掲げることがあるという大阪の政治事情だった。典型は太田と大阪市長磯村隆文である。太田はのちの維新構想に近い、府が市を吸収する「大阪新都構想」を掲げ、磯村は府の影響力を弱め市の権限を強化する「スーパー指定都市制度」を主張した。相いれない主張だが、どちらも自民が推薦した。

地方自治の在り方という根本に関わる政策でありながら、全く異なる主張の政治家を党本部が同時に推薦し、同時に当選する。これらの矛盾に対し、浅田らが問いただしても明確な説明はない。不満を募らせた浅田は07年の統一地方選時、自身の公約にローカルパーティー（地域政党）の設立を掲げる。そこに目を付けたのが、08年に自民、公明の推薦を受けて府知事に当選した橋下徹だった。

当時を知る府政担当記者の述懐――「浅田さんが主張していたのは、政党にも地方自治が必要というもの。府市がもっと協調しなければという課題は、実は自民党が与党だった時代から幅広く共有されていた問題意識だった。東京のような単位での分権もなく、大きな府と主要都市部の大阪市が水面下でお互いの利益を主張しあい、同じ政党なのに対立する。政党だけでなく府庁の内部にも分かりやすい敵を設定するという橋下さんの手法に問題は確かにあったが、そんな大阪に改革が必要だという主張が広がる素地をつくった責任は長く府政、市政で与党だった自民にある」

浅田がよく語る演説の言葉を借りれば「東京に人が集中し、豊かになっている。大阪も成長できるはずなのに、失敗続き」という問題意識に対して、中央政治は冷淡だった。財政問題に端を発した府庁舎移転問題など、橋下と議会の対立が続くなか、ついにかつての反主流派が構想を実行に移す。

それが2010年4月に結党した橋下をトップとする地域政党「大阪維新の会」である。表看板は橋下だが、キーパーソンは最初期に幹事長と政調会長に就いた松井と浅田だ。彼らはお互いの長所と欠点を補った。

橋下はカリスマ性と既存の枠組みを壊すことには長けていたが、仲間をまとめるのが得意なリーダーではなかった。来るものは拒まないが、去るものも追わないし、これまでの政治家と違って組織固めにも注力しない。リーダーシップをイコールで面倒見の良さと結びつけない割り切りがあった。

人を選ぶ橋下的なリーダーシップの欠点を補い、風を求めて維新に流れてくる旧自民系を中心とする議員たちや有象無象の候補者のなかから選挙の出馬戦略をまとめ、規律ある統制を試みたのは後に大阪府知事などを歴任した松井である。表でも裏でも旧知の記者やメディアの取材を拒むタイプではない彼はメディア対応でも一日の長があった。橋下という強烈な個性を前にするとどうしても日陰の存在になってしまうが、組織を固めるために欠かせない人材だ。

浅田は分かりやすく人々に説明する能力や人付き合いの良さと、派手さは欠けていたが、京都大学出身でスタンフォード大学への留学経験もある維新屈指の理論派として知られていた。大阪都構想や地域主権を軸にした政策を慶應大学の公共政策学者・上山《うえやま》信一らと練り上げたのも浅田だ。

顔となる強いリーダー、徹底した黒子役と嫌われ役を買って出たナンバー2、政策に強い補佐役——彼らにとって幸運だったのは、それぞれの欠点を補い合える人材が「大阪の改革」を一致点に集ったことだ。橋下だけなら組織は瓦解していただろうし、松井が中心になったところでカリスマ性も政策を作る力もなく、浅田にはポピュラリティーを獲得するような話術も組織を束ねる胆力もなかった。

結党から1年後、11年4月の統一地方選の躍進を経て、都構想を前進させるため府知事の橋下が辞職して市長選に、松井が府知事選に出馬し民意を問う11月の大阪府知事・

市長のダブル選を制し、維新は国政選挙に打って出る。浅田が中心となってまとめた「維新八策」では、まず統治機構改革を打ち出した。

政党に限らず、どのような組織であっても立ち上げには独特の苦難がつきまとう。初期の選挙戦には後に問題を起こした議員もいたが、混乱から選挙を重ねるなかで人材も生まれる。彼らの長所と困難を目に焼き付けることになったのが、維新最初期の統一地方選に名前を残した35歳の吉村だった。立候補した選挙区は、弁護士事務所を開設していた大阪市北区である。当時は全く無名の一新人候補者に過ぎず、定数3の北区選挙区で彼は2位で初当選を果たすことになった。得票数は7386票だった。

組織戦を展開できない一新人にとって追い風になったのは、投票率の上昇だ。前回40%を割り込んだ北区の投票率は、維新への注目もあって44・21%と4ポイント以上上昇している。有権者が抱いていた政治不信もプラスに働いた。大阪市選挙管理委員会などによる大阪市民を対象にした世論調査によれば、政治に不満な理由として「政府や議会は、現在の諸問題に対応する力がない」と答えた人の割合は50・4%と目立って高かった。

橋下チルドレンから側近、そして市長へ

私はかつて毎日新聞の大阪社会部で、2011年から3年ほど記者をしており、維新の選挙取材も経験していたので、当時の大阪の空気感は肌で知っている。政権与党だった旧民主党にも期待できず、かといって長年、大阪で与党だった自民も既得権益に執着しており期待できない。そのなかで維新は、大阪の問題を「解決する力」を持った唯一の政党、というイメージを持たれていた。吉村はその維新のイメージに乗って、当選を果たした。

頭角を現したのは、玉石混交という言葉がぴたり当てはまった〝橋下チルドレン〟のなかで、大阪市議団の政調会長を務め、大阪都構想のマニフェスト作成も担ってからだった。広報戦略も任された吉村は単なる〝一チルドレン〟から、すぐに橋下の側近と評されるようになった。転機は立て続けにやってくる。2014年に衆院選大阪4区で立候補を予定していた維新前職が市議や府議からの支持を得ることができずに、異例中の異例とも言える、直前での候補者差し替えが決まった。大阪市の繁華街キタを中心とするエリアで、無党派層も多く、時々の「風」の影響で当選者が決まるという選挙区であ

る。白羽の矢が立ったのは、まだ市議を一期も終えていない吉村だったが評価は消極的なイエスだったという。
「松井（一郎、前大阪市長）さんが『市議をまとめられない人間が、有権者をまとめることはできない』と言って差し替えが決まりました。実は決して、全員が両手《もろて》を挙げて賛成というわけではなかったのです。ですが、私は実績から言ってもやるなら吉村さんしかいなかったと思っている。候補者に決まったことで、正面から反対する人はいなかったですね」（維新の元議員）
大阪に限っていえば、14年の衆院選における最大の特徴は、維新の勢いに早くも陰りが見え、自民が盛り返したことにある。２０１２年の衆院選では小選挙区19のうち、実に12を維新が制したが、14年にはわずか5にとどまった。12年で国政復帰を目論んだ元東京都知事・石原慎太郎らと手を取ったことが完全に裏目に出ていた。東京と大阪の知事が組めば東京での知名度不足を補えるだろうという超がつくほどの楽観的観測を維新の内部からも聞いたが、やはり甘かった。そもそも都知事選と国政では有権者の判断基準は決定的に異なる。首長としては対抗馬にも助けられて票を獲得していたが、国政に出れば石原の右派的な思想や憲法観は広がりを欠く要因にしかならない。２０１４年の選挙直前に石原らが別の政党を作ることが決まるという分党騒動はマイナスでしかなかった。

そんな騒動の最中に2014年の衆院選に出馬した吉村は「次世代のエース」と呼ばれていたが、それは彼が本当に期待されたから……というわけではなく、選挙戦の中で無理やりひねりだしたキャッチフレーズでしかなかった。そして、現実は消極的なイエスを反映したものとなった。このとき選挙区では、自民党の中山泰秀に約8000票差をつけられて敗れている。かろうじて比例で復活当選を果たしたものの、2度目の選挙は、追い風なき戦いの難しさを痛感させられるものだったことは想像に難くない。

「吉村さんは、与えられた業務を確実にこなすタイプだった。表立って野心を見せるタイプでもなかったが、実力は群を抜いていた」

当時をこう振り返るのは、元維新衆院議員の木下智彦である。議員を引退後、ロビイストに転身し、永田町を駆け回る木下は橋下の高校時代の同級生でありラグビー部でもチームメートだった。維新の内部事情や橋下の思考を熟知する人物と言っていい。

2015年に入り、維新にはさらに逆風が吹いた。国政維新（維新の党）は分裂騒動が続き、大阪では同年5月の1回目の都構想住民投票で敗れた。大阪市長だった橋下は、

12月の任期まで務めた後は政界を引退すると表明した。大阪府知事、大阪市長のダブル選挙を前に、維新は揺れに揺れていた。都構想再挑戦、そして国政維新の再建を図るためにも、絶対に落とせない選挙である。最大の注目は、橋下の後継となる大阪市長候補が誰になるのか、だった。メディアの報道は過熱し、国会議員団の中でもいくつもの噂が持ち上がった。ここで鍵を握っていたのが維新をまとめてきた松井の意向だ。「追い風」を求めて維新に参加し、「風」の切れ目は縁の切れ目とばかりに好き勝手な行動をとる議員を、松井は蛇蝎《だかつ》のごとく嫌った。

当時の吉村は、ポスト橋下として名前は挙がっていたものの絶対的な存在ではなく、むしろ経歴で言えば元大阪市議で、都心部の大阪1区から当選していた井上英孝が上回ると言われていた。

「でも僕は吉村さんが本命だと思っていました。橋下は人の能力を見る。スペックが大事で、人脈や付き合いは評価の対象にならない。逆に松井さんはじっくりと人間性を見る。本当に維新を裏切ることがないか、周囲を納得させられるかを重視する。二人の条件を最大に満たせるのは吉村さんしかいなかった」（木下）

弁護士という共通のバックボーン、都構想マニフェスト作成という実績から橋下は吉村の能力を評価し、松井はその忠誠心を評価した。

ポピュリズムでは片付けられない

後継に選ばれた吉村は大阪市長選に勝利する。その3年4ヶ月後の2019年4月に府知事、市長のダブル選を制し、松井一郎と入れ替わる形で府知事に就任。新型コロナ禍対応で存在感を示すことになる。吉村のキャリアをみると、政界入りしてからの10年間は一度として任期を務めあげることなく、周囲に推される形で4度も立場の異なる選挙戦に出馬していることがわかる。

当初、個人としての地盤もなく、選挙に強いわけでもなかった。良く言えば、弁護士時代と同様にどんな依頼でも「仕事」と割り切ってこなすことができる極めて優秀な実務家だが、悪く言えば政治家として理想や使命感に突き動かされるタイプではなく無個性だ。それはリーダーと呼ぶには、致命的な欠点であり、一つの事実として大阪市長選で勝利を収めても、今のような人気は無かった。

就任後、大阪市営地下鉄の民営化という実績を残しても、それは変わらなかった。民営化問題は橋下が大阪市長に就任する以前から懸案の一つで、決着は維新の悲願でもあった。橋下市長時代には自民の反対で、2度にわたって否決されていた。吉村は自民市議団が突きつけた12の条件をほぼ飲み込む形で、橋下が「敵」と名指しして対立してきた自民を抱きこみ、この問題を決着させた。周囲に相談することなく、公約として掲げた「完全民営化」を諦める代わりに、維新、公明、自民で賛成多数派を形成して、大阪市が全額出資する企業へ地下鉄事業を譲渡する形で、民営化の実を取ったのだ。

この抱きこみには橋下をして、「そんな一手があるなんて……」と驚きの表情を浮かべさせたという策だった。維新の市議団は必死で、この吉村の業績をアピールしたが、メディアも市民も反応は今ひとつで、演説会を開いても、人が集まらないことすらあった。吉村について回ったのは、常に相対的な評価だった。「橋下に比べれば、維新にしては……」が一つの指標で、彼自身の絶対的な評価というのはついに下されないままだった。

そうした吉村の存在は、維新という政党の強さと弱さを体現しているようにも見える。維新は絶対的な支持があるのではなく、相対的な評価の中で、有権者に選ばれてきた政党だからだ。大阪の有権者の政治心理を分析した『維新支持の分析：ポピュリズムか、有権者の合理性か』（有斐閣、2018年）の著者である関西学院大教授・善教将大《ぜんきょうまさひろ》によれば、維新が大阪で与党になった理由を「ポピュリズム政治の帰結」とみなす主張には、実証的な根拠がほとんどない。

橋下がポピュリスト的な手法を使い、それに倣《なら》うかのように吉村も同じような方法を使うことはあるが、それだけで支持が得られるならば、都構想は容易に実現できた。だが、実証的な視点から見れば橋下の支持率は彼がメディアをひんぱんに賑わせたわりには、さほど高くはなかった。端的に言えば、政治家のメディア露出と支持率はまったく連動しない。

逆に善教による実証的なデータから見えるのは、以下のような実態だ。これだけ長く大阪の与党でありながら、維新を強く支持する層は全体のわずか5～10％。逆に強い不支持層は30％前後存在している。残りの約6割には「ゆるい支持層」と、ほぼ同じ割合の「維新を拒否はしないが支持もしない層」が入り混じっている。この6割のゆるい支持、ゆるい不支持は、時々の状況で入れ替わる。要するに維新支持層は決して強固ではなく、メディアの影響によって強い支持者が作り出されているわけでもないということだ。

では、なぜ議会や首長選で勝利を収めてきたのか。それは維新が府市の一体性を強調することで「大阪」という都市の利益を代表する政党と見なされてきたからだと、善教は説明する。自民党をみると、同じ政党でありながら、大阪府議団と大阪市議団では、まったく別の政党のように振る舞うことがある。都構想ですら、府議団と市議団で賛否が分かれ、分裂しかけた。その結果、府と政令市で協調が必要な場面でも、別々の利害に基づく意思決定が繰り返されてきた。それを「地方自治」の一つの在り方として許容するか、「大阪という都市の利益」を損なう政党の行動と見なすか。自民は前者を選択し、維新は後者に重きを置いた。そして有権者は両者を比較した上で「大阪の利益代表」として、府市一体を主張する維新を支持したということだ。

そして皮肉なことに、大阪都構想が住民投票で否決された理由も、この維新が実現した「府市一体」にあるとみることができる。善教によれば、2度目の住民投票は賛成派が圧倒的優位の中で臨んだものだった。維新、公明は賛成、自民府議団の一部も都構想に賛成する状況であり、世論調査でも当初は賛成優位だった。それでも住民投票の結果が反対多数となったのは、政治家や一般市民の反対運動の成果ではないと指摘する。

「私の調査でも、反対運動を見た人は賛成運動を見た人より明らかに多かったです。しかし、反対運動を見た頻度と反対選択に相関はほとんどありません。反対多数の原因は、松井さんが既に維新という政党で府市一体という状況を作っている中で、それでも大阪市を廃止するメリットを伝えることができなかった点に尽きると考えています」(善教)

維新が盛んに主張した「二重行政の解消」にしても、同じ政党が首長と議会多数派を取ったことで既に実現している。であるならば、なぜ都構想が必要なのか。その根拠を示せなかったことで、有権者の説得に失敗した。こうした維新の支持層分析から、コロナ対応についての吉村支持の理由も推測することができる。鍵となるのは、「まだマシ」という有権者の選択であり、広域対策が必須である新型コロナ問題の特性だ。

都市圏としての大阪の人の動き、大阪市内に周辺の市から毎日、大勢が行き来する「人流」を考えれば、新型コロナの対策は大阪市だけで完結するわけではない。市と府が一体になって対応しなければならないことは至極、当然のことだ。大阪府だけでコロナ対応が完結するわけではないが、都道府県単位で対応策を決めている以上、府市一体で取り組む姿勢を鮮明にしている維新のほうが、府市バラバラな野党よりもマシである。そう有権者が判断し続ければ、ゆるい支持は一定程度、続くことが予想できる。

それを証明したのは２０２２年の参院選、２０２３年の統一地方選だった。参院選の地元大阪での第一声は、彼らの性格がより強調されていた。マイクを握った松井は維新が国政に挑戦して10年になるといい「身を切る改革といっても、大したことでない」と謙遜してみせながら、改革で財源を生んで将来世代に振り分けたなどと実績を誇った。自民出身の松井は、大阪で自民が何をできないかを知っている。府市一体を実現できないことで、逃す利益は大きいと強調すれば支持は逃げない。4議席を争う大阪で維新は2議席の確保が序盤から見えており、結果的にキープした。

この日、1時間後に同じ場所で開かれた自民の演説会によってコントラストはよりはっきりとした。マイクを握った自民党参院幹事長（当時）の世耕弘成《せこうひろしげ》は持ち時間の多くを使って、「25年の（大阪・関西）万博を前に中央政府とのパイプを持っているのはどこか」と問い、「外交、防衛をやったことがない政党」と維新を揶揄してみせた。世耕のそれは明らかに敗者の言葉だった。「野党」に転落した自民が大阪で語れることは、さほど多くない。再浮上のきっかけをつかめない自民党という政党は、非常にもろいのだ。

ここでもう一つのキーワードを示しておこう。それが「中道」だ。

参院選、統一地方選で維新にとって議席を伸長することができれば全国政党への脱皮が見えてくる選挙区があった。それが重点区と位置付けていた東京である。吉村の遊説日程からそれが見えてくる。参院選で彼は公示後最初の週末に東京を選んだ。

元東京都知事で、維新から全国比例に立候補した猪瀬直樹は、私の取材に「自民は日本の大企業で、維新はベンチャー企業だ」となかなか味のあるセリフを口にした。

その喩えは極めて分かりやすい。松井らが創業から10年間、会社を維持してきた経営幹部だとするのならば、吉村はカリスマ創業者から看板を引き継いだ実質的な2代目トップである。選挙は接戦になるほど、追う側に勢いが出てくる。

吉村にとっての成功体験は21年の衆院選大阪10区と言われている。立憲民主党の中で高い知名度と人気を誇った辻元清美から、維新が議席を奪った選挙区である。この選挙でも、激しい維新批判を展開する辻元が「(維新は)地方で着実に議員を増やし、組織をつくり、自民党仕込みの選挙戦を展開する。政党らしい政党で、地に足が着いている。この点は立憲も学ばないといけない」と私の前で語ったほどの攻勢だった。

22年の参院選――東京では維新が新しい支持層を掘り起こそうとしていた。6議席を争う東京で、自民2、立憲1、公明1の計4議席は堅いとされてきた。残り二つを、共産、れいわ、維新、立憲などで争う構図は早々に固まった。

「大阪の外」へ

議席獲得が現実的な目標になった2022年6月26日、銀座4丁目交差点にガラス張りの車が止まる。参院議員、音喜多駿の格闘技のリングアナウンサーのような呼び出しに促され、吉村がマイクを握る。銀座三越前にいた買い物客が一斉に、吉村にスマホのカメラを向けた。有名人だから撮影をしておこうとしただけでなく、一つの選択肢として聞いておこうと足を止めて話を聞く人々が銀座に存在していた。

橋下ら初期の維新メンバーは大阪の改革を他所でアピールすることに執着した。だが大阪での成功を訴えても東京の聴衆の反応は「だからなんだ?」で終わっていた。「大阪の利益代表」に自らとどまる選挙戦だったが、吉村はその反省を踏まえてか、アピールポイントを変えていた。

「今の自民党政権は強いけど、ちょっと舐めくさってませんか? 国民に負担を押し付けてばかりで、政治家自身が腹をくくった改革をやっているのかといえば、できていません。物価高、値上げで少しくらい税金下げようと言っても相手にしてもらえない。立憲と自民は持ちつ持たれつだ。大阪では維新に自民がびびっている。自民に一泡吹かせたい」

畳み掛けるような吉村の演説に足を止める東京の人々、あるいは立憲の福山哲郎を追い込んでいる京都の支持層は、大阪のそれとは違う。「大阪の利益代表」としての維新とはまた別の、全国に通じる支持層が生まれていることを意味しているように思えたが……。

中道が武器になる

私の予感は現状、当たっていたと言えそうだ。参院選では重点区の議席は落としたが、2023年春の統一地方選挙の前半戦で日本維新の会と大阪維新の会は、41道府県議選のうち18の道府県で計124議席を獲得し、選挙前の59議席から倍以上に増やすことに成功した。「東京での地盤づくり」と位置付けた後半戦で、東京で行われた区市町議会議員選挙であわせて70人の候補者を擁立し、67人が当選した。この躍進の背景にあったのは第一に参院選からの地道な選挙戦があったことは間違いない。しかし、それだけでは説明は不十分だ。予感という曖昧な言葉で片付けず、アカデミズムの知恵を借りて説明を加えていきたい。

京都府立大（当時）准教授、秦正樹（政治心理学）の実証分析によれば、大阪に限らない全国規模の維新支持層や評価を分析するとそこに明確な特徴を大きく二つ観察することができる。一つ目は維新という政党がどう見られているかだ。秦らの研究グループは有権者への調査でこんな質問をした。

主要政党のイデオロギーについて、0を最も左派、10を最も右派、真ん中を5としたとき、主要政党と回答者自身をどこに位置付けるか。最も右派と評価されたのは自民でその平均値は6・6、左派は共産と社民が共に3・7で、立憲も中道から左派寄りと見られており4・7だった。維新は有権者から見て中道的といえる5・5、事実、有権者の平均も5・5である。

有権者の意識と最も近い政党が維新と見なされていることがここから分かる。また有権者が野党に望んでいるのも、政権に対して原則対抗ではなく、是々非々の姿勢で臨むというものだった。

この結果に維新に批判的な層はこう考えるはずだ。「維新はともすれば安保政策で自民より右派的ではないか」。だが政治家の発言と、有権者の評価は往々にしてずれる。調査から分かるのは、維新の支持層は外交政策を重視していないということだ。外交政策を重視する人は自民に投票している。維新への期待は政治改革や財政再建に集まっており、外交や、維新が強調してきた教育改革もあまり顧みられていない。外交への期待度が低いのは立憲も同様である。

もう一つの特徴は、政権担当能力への評価だ。国政選挙の前後で秦らが調査したところ、2021年の衆院選では60%前後の有権者が自民に政権担当能力があると評価していた。これは与党としては当然である。維新への評価は選挙前の25・6%から選挙後は33%まで跳ね上がった。これは立憲を大きく引き離し、野党で最も高い結果になった。

これらの実証分析から何が言えるのか。

「維新への支持は中道への支持でもある。自民は安倍政権以降、議員レベルでは右派が増え、右にポジションを取るようになった。逆に立憲は共産と組んだことで有権者から左派と見られるようになった。立憲の政策への評価は決して悪くはないが、旧民主党には有権者の拒否反応が強い。そして無党派層の野党共闘路線への支持は薄い。主要政党が真ん中から離れたため、維新は相対的に有権者一般の感覚と近い政党となり、かつ政

権に対して是々非々の立場で票を伸ばしやすい状況になった」（秦）
　吉村を追いかけていた東京の聴衆と秦の調査から浮かび上がるのは、SNSからは見えてこない多数の有権者の感覚だ。維新の支持、不支持はともかくすれば、極めて短絡的なメディア批判とひも付く。SNS上では「在阪メディアが批判的な報道をせずに吉村を連日テレビに出演させたから維新は支持されている」といった印象論がどこまでも広がっていく。
「メディアが有権者の意識や行動に与える影響に関する研究では、メディアは、もともとの意見を補強するような効果はあっても、多くの人の政治的な態度を変えるほどの強力な効果はほぼないというのが主要な結果。（コロナ禍での）知事の支持率が高かったのは、大阪に限った現象ではなく北海道や東京でも同じ傾向だ。世界的に見ても、ロックダウンなど厳しい措置を取れば支持率が上がることが、一部の国を除き、各国で観察できる。共通の要因があるのではないか」と秦は語るのだった。
　イデオロギーで読み解けば吉村とはまったく異なるリベラル派が推した沖縄県知事・玉城デニーが好例だ。沖縄タイムスによれば、新型コロナが猛威をふるい一時的に世界最悪レベルの感染状況になった沖縄でも、渦中にあって玉城は約60％の高支持率を記録していた。維新の支持は、ぽっかり空いた中道にその要因がある――。実証が示す知見は重い。

覚悟を決めた瞬間

徳田勝という男がいる。都構想実現のため、2015年春に生まれ故郷の西淀川区から立候補して、1期だけ務めた元大阪市議だ。彼もまた橋下の高校時代の同級生で、橋下の熱意にほだされて政治の世界に飛び込み、今は会社員に戻った。「真面目」を絵に描いたような性格もあって吉村とはウマがあったようで、市議時代からたびたび随行役を求められることがあり、2020年の住民投票では、運転手として職場を休職して吉村の下に駆けつけた。カメラに映らない吉村の姿を知る数少ない人物の一人だ。

2020年11月1日深夜、大阪市「リーガロイヤルホテル」で、こんな一幕があった。松井と吉村が臨んだ住民投票の敗北会見で、吉村にとっても絶対的な支えだった松井は、敗北の責任を取って政界引退を表明した。1時間10分を超える会見が終わり、無数のフラッシュが焚かれる中、彼らは壇上から降りた。報道陣が待ち構えている正面玄関を避けて、二人は別の出入り口から出ることになった。

ホテルスタッフに先導されてＶＩＰ用の特別なルートを歩きながら、吉村はおもむろに口を開いた。

「松井さん、僕だけ置いていかんといてください。一人で辞めるなんて言わんといてくださいよ」

「これからは、お前たちの時代や」

松井はそう告げたまま押し黙って歩き続けた。吉村の願いは聞けないという意思、同時に事実上の後継指名も込められていた。長い沈黙が続いたまま、彼らは別々の車に乗り込んだ。徳田は吉村に同行し、自宅まで送ることになった。重苦しく、そして静かな空間だった。車内では誰も口を開かず、エンジン音だけが聞こえる。

吉村は自宅の前に着いたことを告げても降りようとはせず、シートにじっと座りこんでいた。それは、徳田が初めてみる吉村の姿だった。やがて、おもむろにスマートフォンでツイッターを起動させ、メッセージを書き込みはじめた。日付が変わった0時52分に、支援者、市民への感謝を記したメッセージが残っている。投稿を終え、「ありがとうございました」と言いながら吉村はやっと車を降りた。

この瞬間、維新にとって最初のフェーズが終わりを告げた。

彼は初めて政治家として好むと好まざるとにかかわらず、リーダーとしての孤独を引き受け、自分ひとりの力で歩かなければいけなくなった。徳田は何度も吉村の「橋下さんに学びたい。松井さんを尊敬している」という声を聞いている。彼は橋下を心底尊敬し、研究もしていた。だが、と私は思う。ポピドンヨード会見のように、橋下的なメディアを利用した、わかりやすいパフォーマンスを始めたとき、彼は「失敗」を経験してきた。橋下は橋下にしかできない方法で支持も不支持も獲得したが、吉村は何を失敗から得たのか。

答えは明確には出ていないが、安定しない支持しかない維新はいつでも岐路に立っている。中道とみなされ、政権担当能力がありそうだと支持されている点はプラスだが、そんな評価はあっという間に覆る。いまだに維新所属の国会議員が「国会議員団と大阪市議団、府議団には壁がある」と口にし、「選挙に有利という議員が集まった烏合の衆」(府政記者)という状態では、内紛の火種を常に抱える。

結局のところ、維新には大阪府では「与党」としての顔、国会では「野党」としての顔を持つ二面性があり、彼らを支える消極的支持をうまく克服できていないまま、ここまでてしまった。

2025年の大阪・関西万博が最たる事例である。あらかじめ明記しておくと、私は万博の開催そのものには強い賛意もないが、決して反対ではない。日本に来た観光客がついでに立ち寄る可能性はあるだろうが、わざわざ万博を目的に来日する観光客が増えるとはおよそ考えにくい（そもそも、私たちも似たようなものだろう。どこかで万博があるから行こうと思うだろうか?）。しかし、大きな文化イベントである。そもそも関西経済は落ち込んでおり、一つの公共事業としてイベントを誘致すること自体は決して悪いことだとは言えないからだ。

やることはいいが、ではどのようなイベントにしたいのか。万博を機にしてどのような大阪を作りたいのか。主体的な発信や〝物語〟がうまく見えてこない。

吉村は後継の大阪市長になった横山のような自身より下の世代も執行部に起用し、世代交代を図ってきた。政治的にみれば当面の間は盤石だ。維新の明確な失敗――刑事事件になるような大規模な汚職など――が繰り返し報じられ、なおかつ大阪の野党が一致して方針転換を図り維新並みの「府市一体」「大阪の利益確保」を打ち出し、さらに吉村よりマシな対抗馬を立てない限り、いくら強固な不支持層が批判を繰り返してもゆるい支持は失われそうにない。それが現状維持にすぎないことは、吉村自身がよくわかっているだろう。

彼らの致命的な弱点は成長の絵が描けないことにある。万博誘致の成功という中程度の物語に止まっていることだ。大阪の利益も同様に中くらいの物語の成果にすぎない。第三極から野党第一党として第二極を目指すには、日本全体に波及するような「大きな物語」をどれだけ打ち出せるかだが、万博でのドタバタを見る限り、その点は危うい。

従って結論はこうだ。バラバラな自民から「大阪の利益代表」という地位を獲得した維新は、10年以上の時間をかけて相対的に中道と見なされたことで新しい支持基盤をつくろうとしている。それは吉村の支持とも変わらない。だが、あくまで緩やかな支持で積極的なものではない。中道と政権担当能力への期待で集まった支持は他の野党も積極的に狙えて、票を掘り起こせる層でもあるどころか、いつ、どこで、どの党に変わってもおかしなものではない。維新という政党が見せる現象をこう捉え直してみたい。それは置き去りにされたボリュームゾーンの可視化である、と。

山本太郎

稀代のポピュリストの栄光と限界

左派ポピュリズムの旗手として

思わぬ炎上に巻き込まれた。

２０１９年の参議院選挙で、私は選挙期間中から、山本太郎率いる「れいわ新選組」を日本における、左派ポピュリズム政党と位置付け、彼らの言動を分析してきたレポートを「ニューズウィーク日本版」に寄稿した。世界的な潮流になっていた左派ポピュリズムが、日本で、それも山本が担い手となって誕生したことが実に興味深かったからだ。街頭で彼の姿を見た瞬間に私は編集者にこんなメールを送っている。

「ついに日本にも左派ポピュリズムの波がやってきたかもしれません。担い手はまさかの山本太郎……」

当時、記したのはこのようなレポートだ。

（２０１９年）７月４日午前10時過ぎ——。参議院議員選挙が公示されたこの日、通勤の混雑が一段落した新宿駅はもう一つのラッシュアワーに見舞われていた。立憲民主党の枝野幸男代表が、躍進を果たした前回17年の衆議院議員選挙と同じ東南口でマイクを握り、西口では共産党の志位和夫党委員長が東京選挙区での議席確保を目指して声を張り上げている。そして午前11時、西口地下では山本太郎率いる政治団体「れいわ新選組」も街頭演説の準備をしていた。カメラの数は既成政党のそれと比べても大差はなかった。

政治家というよりもロックスター然としたデニムジャケット、白のTシャツ、細身のパンツにスニーカーというういでたちの山本が登場すると、集まった支援者は大きな拍手を送った。

「今の政治は皆さんへの裏切りだ。20年以上続くデフレ、異常ですよ。物価が下がり続け、消費が失われ、投資が失われ、需要が失われ続け、国が衰退している」

「生活が苦しいのを、あなたのせいにされていませんか？　努力が足りなかったからじゃないか？　違いますよ。間違った自民党の経済政策のせいですよ。消費税は増税じゃない、腰が引けた野党が言う凍結でもない。減税、ゼロしかない」

彼は緊縮財政を徹底的に批判することに多くの時間を割いた。「上」から金を取り、もっと「下」によこせとばかりに時に叫び、低い壇上から「あなた」に呼び掛ける。

テレビで活躍していた元俳優だけあって、地下道を舞台に変えるすべは熟知している。熱狂的な聴衆が彼を取り囲み、開始からわずか30分を過ぎる頃には、後列には仕事中とおぼしきスーツ姿の若いビジネスパーソンが足を止めてじっと山本の言葉を聞いていた。

夕方、場所を秋葉原に変えての街頭演説ではまだ知名度が低い「れいわ」の候補者をリングアナ風に紹介するなど、場を盛り上げ、選挙に不慣れな候補者のサポートに徹する姿も見せていた……。

この参院選を前に、山本の動きは大手メディア上で異例ともいっていい注目を集めていた。当時はまだ政党要件を満たしていない「政治団体」であり、政党党首ではない山本は党首討論などには呼ばれない。メディア露出は必然的に既存の政党に比べて少なくなる。なぜ注目されたのか。

理由は資金面の動きと選挙戦略だ。彼が「れいわ新選組」の立ち上げを宣言して以降、公示日前日までのわずかな期間に集めた寄付は2億3000万円を超えた。大手メディアもこの動きを分析する記事を出した。さらに比例で優先的に当選できる「特定枠」に、自力で体を動かすことが困難なALS（筋萎縮性側索硬化症）の舩後《ふなご》靖彦氏ら障害者を擁立したことも話題に。自身も全国比例から出馬するが、比例順位は3番目であえて高いハードルを設けた。これが安倍政権だけでなく、権威に立ち向かう姿勢を演出する高い効果をもった。

まさか、と私が書いた理由は彼のキャリアから明らかになる。

山本太郎——1974年に生まれた彼が初めて世に出たのは「天才・たけしの元気が出るテレビ!!」である。いかにも素人然としながらもコミカルなダンスと「メロリンQ」という決めフレーズでブレイクし、高校生ダンサーになっていく。強い個性を芸能界が放っておくわけもなくとんとん拍子で役者デビューも決まり、2004年にはNHKの大河ドラマ『新選組！』に原田左之助役で出演して注目を集め、これもNHKの若者向けトーク番組「トップランナー」では05年から08年まで司会を務めた。若者同士の殺し合いという設定で物議を醸した映画『バトル・ロワイアル』（00年公開）の生徒役も強い印象を残した。

2011年の東日本大震災、東京電力福島第一原発事故以降、個性派俳優から極端な反原発運動家になっていた山本太郎が初当選を果たしたのは13年の参院選の時のことだ。

当時の彼は、福島の現実を細かく取材していた私からみれば、時におよそ根拠が不確かな福島危険論を展開する運動家だった。それから6年で、山本は明らかに変化していた。一運動家から左派ポピュリズムを体現する政治家に、である。

ホームページをひらけば「反緊縮」を軸に「反TPP」といった反グローバリズム的、リベラルな人権擁護を目指した政策が並ぶ。これらは、欧州各国の選挙で同じように「台風の目」と目された典型的な左派ポピュリズムの主張の日本版である。加えて、山本自身が体現するのは永田町エリートが独占する既得権益への挑戦という「物語」だ。彼は「選挙は面白くないといけない」と連呼する。いかに選挙戦を楽しませるかが、彼の気を配るところなのだ……。

曲解される「ポピュリズム」

私が書いた左派ポピュリストとしての山本太郎というレポートに対して、れいわの候補者、支援者から批判が集まったのは選挙が終わった翌7月22日からだった。これには大いに驚かされた。その理由は以下のようなものだ。

私が主張した「左派ポピュリズム」論は私のオリジナルではない。先に世界的な潮流と書いたように、欧州やアメリカで注目され、近年の政治学では当たり前のように言われている事象を日本にも当てはめられる現象が観察されたという事実を書いたにすぎない。ほどなくして日本におけるポピュリズム論をリードしてきた水島治郎《じろう》（朝日新聞2019年8月2日）といった政治学者たちが山本、れいわを左派ポピュリズムと位置付けた論考やインタビューを発表したことからもこれは明らかだろう。

「ポピュリズム」という言葉に対する拒否反応の強さにも驚かされた。その根底にあったのは、「私たちの山本太郎をポピュリストと呼ぶとは何事か」「ポピュリズムに踊らされてはいない」という感情だったように思える。そもそも、日本ではポピュリズムに「大衆迎合主義」という訳語が当てられて、ネガティブな政治現象として扱われてきた。いまだにポピュリズムは「気にくわない集団」へのレッテル貼りに使われている。メディアではまだ見かけるが、今の政治学者でポピュリズムを「大衆迎合主義」と同義にみる人はもうほとんどいないだろうし、訳として適切だと答える人も少ないだろう。私もまた適切とは言えないと考えている。

これだけの拒否反応の中で、山本が起こしたムーブメントの行方を占うために、ポピュリズムという言葉をもう少しだけ解剖しておきたい。ポピュリズムと聞けば、こんなイメージを持っている人が多いのではないだろうか。何も知らない無知な大衆にアメを与え、支持を調達する。あるいはメディアを通じて扇動的な言葉を流し続け、人々の不満の代弁者然と振る舞い独裁的な姿勢を貫く指導者――。なるほど、自分たちのことをこのように指摘されて気持ちがいいという人はほとんどいないのもまた事実である。

だが、これらはいずれもポピュリズムという現象を部分的に語ってはいるが、特徴を全て包括する定義とは言えない。玉川徹の章でも記したが、私が議論にあたってよく参照しているカス・ミュデらの定義は「社会が究極的に『汚れなき人民』対『腐敗したエリート』という敵対する二つの同質的な陣営に分かれると考え、政治とは人民の一般意志（ヴォロンテ・ジェネラール）の表現であるべきだと論じる、中心の薄弱なイデオロギー」というものだった。

さしあたり、ポピュリズムとは何かを巡る学者たちの論争は続いてはいるが、ポピュリズムが「人民」の心に訴えること、「エリート」を糾弾する現象であることは概ね見解が一致している。もう少し踏み込むならば、エリートとは既得権益を得ている集団＝エスタブリッシュメントであることは。

政治の世界で中心が「強固」なイデオロギーというのは、たとえば社会主義や保守主義を指すと考えればいい。彼らが体系的かつ確かな思想に基づいた「主義」で世界を捉えていくのに対し、ポピュリストはしばしば世界の見方を単純化し、既成政党や官僚、メディアを既得権益側とし、既得権益側か否かを争点化する。この二項対立は右派でも左派でも設定できる。ポピュリズムは真ん中の核になる部分が薄弱であるがゆえに、右派とも左派とも結合する。

この中で「左派」ポピュリズムは、反グローバリズムを掲げる点は右派のそれと同じだが、スペインの急進左派政党「ポデモス」などに代表されるように平等であることやリベラルな価値観を重視し、搾取され虐げられた人々のために財政出動＝反緊縮を訴えるといった特徴がある。当然ながら、右派のそれとは異なり、ダイバーシティ（多様性）とも相性はいい。

政治学者・吉田徹の分析が問題をより明確にする。

「左派ポピュリズムにおいては財政主権や再分配、右派ポピュリズムにおいては国民主権や反グローバル化が唱えられる。こうした主張は、08年のリーマン・ショックと続く10年のユーロ危機を経て、既成政党批判と反緊縮財政、金融・財政主権の回復、場合によってはユーロ圏からの離脱という政策・言説でもって、両極ポピュリズムは共通の立場をとることになる。このような政治的主張は、格差や貧困の進展、労働市場からはじかれ、没落の恐怖におびえる高齢者や中間層、高い失業率にあえぐ若年労働者層の支持を集めることになる」

「左派ポピュリズムと右派ポピュリズムを分け隔てる最大の違いは、個人やマイノリティーの自己決定権を認めた上で『開かれた社会』を認めるか、反対に家父長主義的で権威主義的、伝統的な共同体や家族が個人よりも優先されるような『閉じられた社会』が実現されるべきと考えるかどうかにある」（「週刊エコノミスト」2017年2月7日号）

マルクス経済学の立場から金融緩和＋積極的な財政出動を求める経済学者・松尾匡《ただす》をブレーンとし、この選挙で重度の障害者を国会に送り込み、TPP反対を公約に掲げた山本は、やはりまがうかたなき左派ポピュリストなのだ。

右でも左でもないフリースタイル

本人は自身をどう捉えているのだろうか。街頭でつかまえて短い時間で問えばいい問題だとも思えなかったので、まとまった時間がほしかった。そして、その時は意外なほど早くやってきた。選挙から数ヶ月が経っていたが、私が騒動の発端となった「ニューズウィーク日本版」を介してインタビューを申し込むと、新宿駅周辺なら前後の遊説日程の間で時間を取れるという連絡がかえってきた。

若い男性のスタッフが一人だけ同席して、約束の時間から少しだけ遅れて慌ただしくやってきた。よく日焼けした顔には汗が滲んでおり、直前まで遊説だったのだと詫びた。同時に依頼していた写真撮影をすっかり忘れていたといい、誰にというわけでもなく「もうちょい、ちゃんとした格好が良かったかなぁ」とつぶやきながら、真っ白なポロシャツ一枚でフォトグラファーの指示通りの場所に立とうとした。

私は同行者が手に持っているデニムジャケットを羽織るか？　と聞いたが、「いや、大丈夫ですよ」という。山本が飾ったカルチャー誌の表紙で、ハイブランドをさすが元俳優らしく華麗かつ見事に着こなしていたが、むしろ一日中歩き回った汗を吸収して発散したであろう白いポロシャツのほうに、モード服よりもはるかに現場のリアリティが宿っているように感じられた。

「全国各地を回って日焼けした肌の色によく映えているから、かえって良いんじゃないですか」と私が返すと、「それならよかったんですけど」と少しはにかんだような表情を見せた。

手早く撮影を終えてからのインタビュー（「ニューズウィーク日本版」2019年11月5日号）のなかで山本はいくつか興味深いことを語っていた。過去にあれだけこだわっていた反原発運動から「お金」に主張の軸を変えたことについて――。

「人々の関心という点で考えるなら、目の前の生活がやはり大事になります。人に政治の話を聞いてもらおうというときに、原発や被曝だとどうしても入り口が狭くなりますよね。原発問題に関心を持ってもらうためにも、最初は入り口を広げておくんです。扉を最大限に広げていくためには、経済政策が大事ですよ。例えば、原発問題でもお金に絡んだ話をしたときは、足の止まり方が全然違ったんです。街頭で語っていても、経済政策を語ったときのほうが反応してくれる」

とりわけ面白かったのは、私が「自分の政治的スタンスをどう捉えているのか」と聞いたときのことだ。彼は非常に印象的な「フリースタイル」という言葉を用いて熱を帯びた口調で説明を始めた。

「右派か、左派かなんていうのは、私にとっては重要ではない。それは人をカテゴライズするのに便利で万能なのかもしれないが、はっきり言ってどちらにも興味がない。私は右派でも左派でもなく、フリースタイル」

この発言は、山本太郎というポピュリズム政治家を象徴しているように思えた。中心にあるのは、強固かつ体系的なイデオロギーではなく、あくまで「スタイル」という言葉に集約されるものだ。理論よりも戦い方にこだわりを見せる。これが既存の左派勢力との違いだ。インテリの「あなたの立場は〜〜主義なのに政策が矛盾しているではないか」といった論法は彼には無効化する。そもそも体系的な「主義」がないからだ。

強大な既得権益に立ち向かうというスタイルこそが山本のすべてであり、彼への期待感が膨らむ原動力になっている。「主義」へのこだわりが薄いからこそ、右派と左派で見解が対立するはずの平成の天皇(今の上皇)についても、彼は「父親のような存在だ」と実にあっさりと語ることができる。それこそが普通の感覚だろう、と言わんばかりに。

「こう言うと、山本太郎にも右派的な要素があるのか、と思われるかもしれないが、(今の上皇には)お父さんのような感じを抱いています。私が母子家庭で育ち、家に父親がいなかったから、父性的なものを求めているというのはあると思います。過去にあった戦争の戦地を回ったり、災害があれば現地に駆けつけたり、被災者を励ましたりしている。それは自分の中にあるお父さん感、父性を満たすものです」

反安倍政権、反自民党を標榜するリベラル勢力の中にも、第二次世界大戦の戦没者への慰霊の旅を続けた上皇にある種のシンパシーを抱く人々がいることはいる。時にシンパシーを隠さず、自身の政治的主張、とりわけ日本国憲法については無邪気なまでに上皇の発言を見事に利用しているにしても彼らは上皇を「父親」のようには捉えていない。

この言葉に奇をてらおうとか、右派からも票を取るには「天皇制」を語ることがプラスに働くといった計算は、みじんも存在しない。山本の言葉に嘘を感じさせる要素はなく、とにかく自然に言葉を積み重ねていた。インタビュー中、消費税減税を軸にした共通の政策目標に対して消極的だった立憲など野党への批判を抑制してきた自身は「超大人」と公言した場面や、政治的な立場を「フリースタイル」と表現したところなどで、私や同席した編集者は思わず笑ってしまったが、本人はいたって真面目で、真剣な表情を崩さない。

その流れで出てきたのが、「仁義なき戦い」という言葉だった。与党も野党も関係なく、もし自分たちの提案に同意ができないならば腐敗したエリートたちが集まっている永田町全体に得体の知れない「フリースタイル」で戦いを挑んでいく、と。言葉の中心は、良い意味でも悪い意味でも「薄弱」だが、そうであるがゆえに、彼は無手勝流に振る舞うという最大の強みを手にしている。

思い返せば、2016年の国会前デモで一躍知名度を上げたSEALDsの中心メンバーと話をしていたとき、彼らが盛んに名前を挙げていたのが、前述のスペインの急進左派ポピュリズム政党であるポデモスだった。ポデモスの立ち上げ時の中心メンバーで長髪がよく似合う、スタイリッシュな出立ちのパブロ・イグレシアス――彼は政治学を教える大学教員だった――を持ち出して「主張もスタイルもかっこいい。こういう政治家と活動をしたい」と語っていたものである。

彼らの一部は旧民主党が分裂した際、枝野幸男が立ち上げた立憲民主党の選挙戦にもかなり関わっていた。およそインターネットともスタイリッシュさとも縁遠かった枝野を支え、17年の衆院選ではSNSで圧倒的な拡散力も武器にして、躍進を果たすことになった。

ここで問い直してみたい。その後の枝野は、リベラル派の期待を維持することができなかった。彼のスタイルは永田町の論理の中で説明でき、現に今もすがっているのは都市型の「意識が高い」リベラル層と旧態依然とした護憲派、そして労働組合の組織票だ。

もし山本の登場が数年早ければ、ポデモスに期待したＳＥＡＬＤｓの学生たちにとって最良のパートナーは山本になっていた。スーツを着るのは国会の中か記者の前に立つ場面が中心で、街頭にいるときは選挙活動であっても薄いブルーのデニムジャケットで登場し、コンバースのスニーカーを愛用する。主張だけでなく、ファッションをとっても彼らが求めていたスタイリッシュな政治家を体現している。

おそらく、立憲支持層の中から山本支持に流れていく層は一定数いるだろう。忘れてはいけないのは、ミュデらも指摘するように「ポピュリズムがしばしば正しい問いを発して誤った答えを出している」ことだ。ポデモスにしても、スペイン国内で左派を中心にした連立政権ブロックの一角には食い込んでいるが、主張は比較的穏健なものへと推移し、２０２３年のスペイン総選挙で勢いは確実に後退していった。

結局のところ既得権益に立ち向かうというスタイルは一時しか通用しない。熱狂的な少数の支持者がつくかもしれないが、穏健な支持層は離れていく。そして、次の少数野党に取って代わられる。さらにいえば一度、権力側に回れば「スタイル」の効力は失われる。山本たちの躍進には、格差への不満や生活の苦しさ、あるいは戦う野党が必要であるという「正しい問い」は確かにあるのだが……。

彼は正しい問いに対して、正しい答えを出したのか。それとも何かを見誤ったのか。その答えは何度かの選挙戦を経て明らかになってきたように思う。

インタビューの2年後、山本が仕掛けた騒動に揺るがされた東京8区にその一端が垣間見えたのだ。

東京8区混乱の研究

衆院解散総選挙の投開票を翌日に控えた2021年10月30日夜のことである。東京8区でもっとも乗降客数が多いJR荻窪駅北口をマイク納めに選んだ自民党の石原伸晃の表情からは、余裕がすっかり消えていた。石原は中選挙区時代から数えて10選、この地を30年以上守り続けている政治家である。少数派閥とはいえトップを務め、かつては総理候補とも呼ばれていた。

彼はマイクの使用ができなくなる午後8時まで、自分がいかに杉並区のために働いてきたかを訴え、集まった支援者とグータッチを交わした。午後8時をすぎると、駅前に用意された真っ赤なお立ち台に登った。本人は自身の選挙ビラを持ちながら立ち、子飼いの東京都議・小宮安里ら陣営のスタッフは「石原伸晃」の名前を印象付けようと声を張り上げた。

そして8時23分——足を止める人の数が本人の想定よりも少なかったせいか、彼は苛立ちを隠そうともせず、自ら台を降りた。スタッフに向かって人差し指でここに立つと指示を飛ばし、荻窪駅のエスカレーター前に動いた。

ちょうど時期は日本の祭りにもなったハロウィーンと重なっていた。飲食店で働いているとおぼしきドラキュラに仮装した青年の呼び掛けに反応する乗降客も、陣営の呼び掛けには反応せず足早に通り過ぎていく。この瞬間に勝負は決していた。

追い詰めたのは立憲民主党の新人、吉田晴美である。結果、彼女が獲得した13万7341票に対し、石原は前回以上とはいえ10万5381票に留まった。立憲代表の枝野幸男が開票後の記者会見で、「自民党が強いところでも接戦に持ち込め、東京8区のように成果を出せたところもある」と強調したように、結果をみれば、たしかに東京8区は象徴的な選挙区だ。ただし、枝野の認識とは少しばかり意味合いが異なる。自民大物を相手にした小さな勝利を積み重ねてはいたが、総選挙全体では大きく議席を減らした野党失速の理由がこの選挙区に詰まっているとも言えるからだ。

選挙戦以前から、リベラル系野党は一貫して立憲、共産党を中心に「野党共闘」によって選挙区で一騎打ち構造を作れば、与党を追い詰めることができるという「理想」を語ってきた。野党共闘を支援する「市民連合」を介して、憲法改正への反対や脱原発といったリベラル色の強い共通政策をまとめて全国213の選挙区で共闘を成立させたのも理想へと近づく一歩、となるはずだった。共闘を主導した枝野の立場からすれば「市民と野党の統一候補」が、大物政治家から議席を奪った東京8区は誇らしい成果になるだろう。

ここで枝野の認識にはいくつかの疑問が付される。第1にそもそも野党側が本当に狙い通りに挙げた成果だったと言えるのか。第2に山本太郎が結果的にもたらしたものの効果、第3に自民党の戦略ミスだ。第1の点について言えば、どう客観的に見ても吉田が正式に統一候補になるまでの道のりは紆余曲折がありすぎた。この紆余曲折から野党勝利に至るまでのプロセスは、そのまま現在の政治状況を見るうえで貴重なケーススタディとなる。投票日の3週間ほど前に時間をさかのぼってみたい。

立憲民主党の安易さ

10月8日に突如、れいわ新選組の代表・山本太郎が東京8区から出馬すると新宿駅前で発表した。彼自身は詳細を語らなかったものの、立憲側との調整は済んでいるという認識を示し、その場にいたあるジャーナリストはマイクを握り「立憲、共産から裏は取っている。山本さんが統一候補だ」と明言した。

これに対し、立憲の代表だった枝野は囲んだ記者を前にして「困惑している」とだけ語った。さらに吉田の支援者からの抗議活動も活発化するなか、山本はわずか3日後に選挙区からの出馬を見送ると表明せざるを得なくなった。

一見すると山本のパフォーマンス、あるいは根回し不足に見えるのだが、問題の本質はそこにはない。山本自身が明らかにしたように、2年前から8区からの出馬を打診していたのは立憲側だ。

東京8区において、吉田の選挙戦の中核を担った市民団体事務局の東本久子の証言がそれを裏付ける。彼女は8区の野党共闘について一貫して当事者としてかかわり、裏にも表にも精通したキーパーソンだ。

東本が衆院議員会館で、立憲の都連幹部から「8区は山本太郎を統一候補でどうか。吉田は何らかの処遇をする」と最初に直接言われた時期は、山本の証言と符合する。彼女によれば、2020年に入ってからも交渉の過程で都連幹部は何度も「山本太郎」の名前を出してきたが、当の吉田本人や、共産側との話し合いも進んでいるようには見えなかった。事実、彼女の前で吉田自身は、解散日程がメディアを賑わす時期になっても「私は絶対に8区で戦いたい」と口にしている。本人が「ノーコメントとさせてほしい」と答えたので、実際のところはわからないが「参院選立候補を打診された」といった噂はかなり確度が高いものとして選挙区を駆け巡った。

8区から出馬を表明していた共産党の上保匡勇《じょうほまさたけ》は「もともと、8区は野党共闘の対象ではなかった。立憲側からは私たちに候補者調整について何の打診もなかった。自分たちから降りようがない」と明かした。

東本の証言――「私が立憲の都連幹部に問うたのは、なぜ山本さんなら選挙区で勝てるのか、根拠を示してほしいということだった。これに対して、明確な答えは一切返ってこなかった。密室で候補者を決めて、名前を優先した選挙で小選挙区を勝とうなんて認識が甘すぎる。実際に選挙で実務を担うのは地域を知っている私たちだ。地域を回ってきた反応をみた上で、吉田さんで十分に勝てるし、山本さんではまとまらないと言ってきた」

彼らは彼らで、足元を固めるために共闘を前提に野党の候補者同士での勉強会を取り持ち、足で稼ぐために地元の回り方なども細かくプランを練っていた。主眼においたのは無党派層の取り込みだ。固定票が見込める石原との対抗軸をどこに持ってくるか。

政策だけでなく、「山形の八百屋の娘」という打ち出し方も足元の感触から周到に練られたものだった。山本との出馬調整を優先した立憲都連の対応は足元で地道に活動していた東本らの積み上げと明らかな温度差があった。第2の点は、立憲が読み誤った山本太郎の騒動の思わぬ副産物だ。そもそも山本サイドにとっても、東京8区からの出馬というのはベストシナリオとは言えなかった。

山本サイドは何を思い描いていたのか。選挙の結果が出る前の時点で、私は東京都内のあるターミナル駅近くの喫茶店で、その一部始終を知る男と接触した。ツイードのジャケットにシャツ、赤いナイキのスニーカーを履いた男は「斎藤まさし」と名乗った——。

「市民派選挙の神様」による予言

かつて「市民派選挙の神様」と呼ばれ、当選が難しいとされた候補を数多く当選させてきた選挙プランナーである。その一人、菅直人元首相の初当選から民主党の政権交代選挙までを伴走した。取材時点で2015年の静岡市長選に関する公職選挙法違反で逮捕、有罪となり公民権を停止されている。一部の週刊誌では山本太郎のブレーンと書かれ、誌面をにぎわせた。

彼は山本のことを「太郎」と呼び、今回の衆院選についても水面下でアドバイスを送っていたことをあっさりと認めたが、ブレーンという位置付けは否定した。その点は一貫している。

「(20年7月の) 東京都知事選が終わってからも4、5回くらいかな。選挙について会って話したよ。もちろん今回の衆院選の話題もあった。でも俺はブレーンでもなんでもなくて、こっちからアドバイスをすることもあるし、向こうから求められることもあるというだけ。最後は太郎が自分で決めるんだ」

今回の衆院選についてどんなアドバイスをしたのかと斎藤に聞くと、あくまで「自分の見解だけど、いいかい」と断った上で、とうとうプランを語ってくれた。彼も東京8区の騒動をよく知っていた。

「太郎は10月1日には発表したがっていた。でも、俺はやめておけと言った。立憲側が本当に調整できているか疑問があったからな」

興味深い事実は、斎藤が山本の8区からの出馬そのものにずっと疑問を投げ掛けていたことだった。

「俺が大切にしていることは二つしかない。一つは同じ選挙は二度ない。二つ目は100万票も1票の積み重ね。票を掘り起こすためのベストな方法はどんな選挙でも一つしかない。それを早く見つけないと勝てない。立憲も太郎をうまく使わないといけないんだ。その意味では太郎が東京8区から出るっていうのは最悪の一手だったたな」

この選挙は「れいわ」にとっても試金石になるものだった。19年の参院選で獲得した228万票で2議席という結果に加え、熱の籠もった演説は政界に衝撃を与えたが、山本の勢いは明らかに落ちていた。本人の議席がないことに加え、小池百合子に挑んだ東京都知事選の電撃出馬も大した起爆剤にならず、目立った結果も残せなかった。衆院選の最優先課題は山本の国政復帰、そして比例で228万票以上を獲得し、議席のさらなる上積みを狙うことだ。

斎藤は弱小野党が強者に勝つためには、まずもって有権者を驚かせることが必要だと考えている。有権者は一度起きたことをよく覚えている。過去に山本は一度8区で出馬して、敗れている。その時は野党が分裂していたが、仮にまとまって勝ったとしても有権者はさほど驚かない。本当の理想のシナリオを言えば、と彼は語った。狙いはこの時点で自民党幹事長だった甘利明がいる神奈川13区だった。そこに野党統一候補の山本が挑戦するという構図をつくり、消費税減税、政治とカネを争点とする象徴的な選挙区とする。狙いは小選挙区の勝利だけでなく、首都圏での比例票掘り起こしだ。メディアの注目を引き付ける選挙区をつくり出し、小選挙区+比例票の上乗せを狙えば、山本だけで数議席を獲得するチャンスが生まれる。

セカンドベストは、比例の議席数が多い近畿ブロックを狙って、大阪で維新の会と対峙しながら票を掘り起こすという選択だ。実際に出馬する可能性を想定し、山本は20年秋の大阪都構想をめぐる住民投票で反対運動に加わっていた。〝ポピュリスト〟である山本の力を発揮するためには、「立ち向かう強敵」と「確実に得られる議席と与党にダメージを与える議席」の両方が必要になる。そのターゲットをどこに定めるのか。数々の選挙戦を仕切ってきただけあってか、斎藤の視点は意外なほど冷静だった。

「8区は雨降って地固まる効果はあった。共産党も（候補者を）降ろしやすくなったし、候補者の名前が無党派にも浸透した。これで石原は負けるだろうな。石原陣営の戦略で票は伸ばせないよ。でも、騒動を大きな視点で見れば、得をしたのは与党だ。野党が選挙区ひとつ調整できないと知らしめてしまったからな」

まさに足元を回ってみても山本騒動は小さな追い風を二つは吹かせたのは事実だ。一つは陣営の結束であり、もう一つは候補者の認知度の向上だ。

もともと8区から出馬を表明していた上保匡勇をはじめ共産党関係者も、騒動で注目が集まったことが立候補取り下げの大きな要因だったと証言する。地元の立憲関係者も「上のほう＝党幹部」への怒りが結束を呼び込んだと断言した。騒動はメディアの注目も集め、報道は増えた。無党派層も関心を持ったとみられ、東京8区の投票率は都内トップの61・03％まで伸びた。

しかし、ここが肝心なところである。検証すればどれも、立憲側も山本側も意識的に仕掛けたものではなく、全て偶然にしてそうなってしまったということだ。全員が幸運な小さな追い風の中にいたが、全体的な戦略はついにないままだった。それは自民党政権の批判票を集めて仮に政権交代を実現したとしても、空中分解があらかじめ想定されるような脆弱な政治力を意味する。

「結果はもう見えてくるな」と残ったコーヒーをぐいっと飲み干し、斎藤は予言者然と言い切った。

「もう政権交代はない。野党は自らチャンスを逃したんだ。スローガンからしてダメだろ。共産党の『政権交代』は二番煎じ。立憲の『変えよう。』も既視感がある。太郎は『れいわニューディール』か。選挙ポスターにカタカナはセンスがない。それなら維新の改革を軸にした押し出しのほうがはるかに有権者の心をつかむ。維新は嫌いだけど、しばらくの間は票を伸ばすだろうよ」

カップを置いた斎藤は「じゃあ、俺はここで。次の予定があるからな」と去っていった。

「おっ、山本さんの手伝いですか?」と私は軽口を叩いた。

「俺ができるわけないだろう。公民権停止中だって。前から俺のいうこともう少し聞いてくれたらなぁ……」

彼も軽い調子で応じた。香具師《やし》の口上のような独特の怪しさが混じる語り口ではあったが、こと選挙分析に限って言えば多くの現場を知っている勘の鋭さは確かにあった。この段階での私の読みも斎藤とそう大きくは変わっておらず、石原伸晃陣営の戦略ミス、つまり敵失がかなり大きく彼らの追い風になっていた。

オウンゴール連発の石原サイド

石原サイドは「新型コロナウイルス感染防止対策」を理由に、徹底的にメディアの取材を避けた。本来ならば派閥の議員を応援するため、全国各地を飛び回らなければならないはずの石原を選挙区に張り付かせるまではよかったが、遊説日程は徹底的に隠した。直前に「どこそこで演説をする」とSNSに告知するだけの「ステルス作戦」に徹した。彼らとしては、下手に人を集めて訴えるより、細かい集会を重ね組織票を固めて勝つという狙いがあったとみられる。

10月23日午後6時半、杉並公会堂――。最大1190席の大ホールに支援者が続々と集まってきた。メディアには完全非公開で開かれた総決起集会である。記者に潜り込まれることを警戒してか名前、住所、電話番号を書く記帳台も設けられた。会場には抗議する記者の姿もあった。私も入ることはできなかったが、すぐに切り替えた。どこまでを公開範囲とするかは主催する側の権限であり、抗議一つで変わることではない。

この手の手法を採用する陣営との向き合い方はシンプルで、いくら隠しても無意味で適切な取材を尽くせば中で何が起きているかを再現できるのだとアウトプットで示すことに尽きる。実際にこれまでの「非公開」とされたケースと比較しても、かなり容易に複数の参加者からの証言や物証を得ることができた。証言と証拠を組み合わせてみて明らかになったのは、せっかくの決起集会に彼らの戦略ミスのほとんど全てが詰まっていたという事実だった。

この集会で陣営幹部が露呈していたのは「油断」だった。山本太郎がやって来ると思って実際にはかなり動揺が走ったが、急転直下、降りるとなったのでほっとしたことから生まれた油断である。吉田陣営が怒りで結束するのと同じ時期に、彼らはふっと緩んでしまった。そこからいくら引き締めを図っても挽回できないことを幹部自らが認めたようなものだった。

ゲストでやってきた群馬県知事の山本一太は群馬出身の人気バンド「ボウイ」とかけて、石原は「自民党のボウイ」であるといった内容の薄い演説に終始した。参院議員の今井絵理子は「石原候補は実は手話もできる。難聴対策推進議連の会長だ」という実績を強調したが、演説全体を通して選挙応援よりも自分の顔を売ることを優先したという印象が強く残るものだった。

集会のハイライトは舘ひろしからのビデオメッセージだ。かつての石原プロモーションを代表する俳優は「個人としては応援団長を自負している。日本の未来のために国政に送ってほしい」と語った。問題は、ここで主催者が禁止だとアナウンスしたはずの写真撮影を始めた支援者が少なくない数いたことだ。石原陣営の規律は目に見えて緩みきっていた。

最後にマイクを握った石原自身も、自らの手で逆効果にしかならないメッセージを発してしまった。彼が最初に語ったのは「この選挙は妨害が多い」という話だった。そこで終わればまだいいものの、出陣式でヤジが飛んできたが自分は一切反論しなかったというエピソードまで熱心に語ってしまった。自分が成し遂げたいことや成し遂げてきたことよりも先に、相手陣営をにおわせるような話から入るのは明らかな悪手である。流れを引き寄せるよりも自ら手放すような集会では勝利を望むべくもない。

選挙戦終盤の27日には首相だった岸田文雄までやって来てテコ入れを図った。岸田が乗り込む効果がさほど高いとも思えなかったが、そこでも石原陣営からはやたらと時代がかった「この選挙は自由主義対共産主義を選ぶ選挙だ」とか、「この選挙区に総理がやって来ることはめったにない。それだけの危機だ」といった調子の演説が続いた。これでは応援になっているのか、かえって古い世代の常識に固執する政治家を印象付けようとしているのかまったく分からない。彼らは新しい票を取りに行く努力を自ら放棄していた。当選を重ねてきた強者が相手を批判し、過去の実績を強調するばかりで、「次」を語らなければ、相手を利するだけということに気付けなかった。

投票日前日、30日21時過ぎ荻窪駅前――。石原は最後まで変われない姿を見せつけていた。周囲が必死に声を出し続けるなかで、石原はただ黙って立っているだけだった。岸田の写真を持つ石原の姿に「未来」を感じさせるものは何一つとしてなかった。

当選を果たした吉田晴美は現状の野党統一候補としてはこれ以上ない候補者だったことは疑いようがない。あるメディアの記者が「吉田先生、ちょっと……」と質問を投げかけようとすると、さっと遮って「私に〝先生〟はやめてください。名前で呼んでもらってかまいませんよ」とまったく嫌味のない口調で訂正を求める姿は悪い印象を与えなかった。

高円寺駅前で共産党の集会にも参加して、「(野党共闘は)『野合』という批判、私は全然違うと思う。ずっと地域で一緒に活動してきた。小さな声を聞き逃さないようにと、寄り添う姿勢を学んだ。違いを乗り越え力に変える」と堂々と語り、さらに「日本共産党の比例の大躍進を祈念する」と訴えることもいとわなかった。その姿を見て、「時代は変わりました」とうれしそうに叫んだのは共産党都議の原田暁《あきら》である。吉田は、東京ブロックから比例単独で出馬した山本からの呼び掛けに応じて選挙区で共に演説もした。メディアを介して、手打ちのメッセージは効果的に伝わった。

勝ったのは誰か

全体をみれば大敗を喫した立憲は、この選挙区を数少ない成果だと誇ったが、私には疑問しか残らなかった。勝利をもたらしたのは現実を踏まえて地道に政策を擦り合わせながら票を積み上げてきた候補者と地元住民の活動に加えて、そこにいくつかの幸運と敵失まで重なったものだ。8区が多くの市民活動がひしめく杉並区、それも中央線沿線エリアで無党派層、都市型住民の多い選挙区だったことも大きかったし、組織票を固めてきた石原がかなり旧世代に見えてしまったのも大きかった。立憲上層部が狙って手に入れたものは何一つないどころか、自ら率先して力を損ねようとしていた。

彼らもまた迷走していたが、山本もまた迷走を重ねていた一人だった。

全てが終わった10月31日夜のことである。山本は「立憲は信頼に値するか」という私の質問に、憮然とした表情で「衆院選まではこれまでどおりだった。これから先は新しいやり方をしないといけない」と永田町に生きる人々がよく好む、文脈のなかから言葉の真意を探らせるような言い方をしてみせた。新しいやり方以前に、山本が選挙区に突然の出馬宣言をすることもサプライズを演出して一気に流れを作りだそうとする最近の選挙戦のやり方を踏襲していたし、小さな根回しを着々と進めていたのも彼なりに永田町の論理に馴染もうとした結果だったのかもしれない。だが、それは「既得権益に立ち向かう」という魅力を確実に減じさせており、同時に「普通の政治家」として成長することを望まれていない「左派ポピュリスト・山本太郎」の限界点でもあった。

れいわの得票数が伸び悩んだことがそれを裏付ける。

「政治はライブだ」という信条の彼と、8区のように地道な積み上げこそが政治だと活動を続ける人々の姿勢は根本的な部分で相いれないものがある。彼らは小さな勝利を得ることはできるかもしれないが、大きな視野に立てば大敗を喫した。教訓は選挙区での小さな勝利にあるのか、8区に象徴されるガバナンス能力の低さも一因となった大きな負けにあるのか。私は後者にこそあると思うが、ガバナンス能力を高めるということは小さな負けや妥協を受け入れながら、より大きな勝利を目指すという姿勢でもある。それはポピュリズムが動員する「何かに立ち向かう物語」とは無縁の「制度に保障された政党として、地道な活動を通して成長を続けていく」というものではあるが……。

れいわ新選組のフォロワーたち

山本太郎現象の渦中にいた私は「日本政治は、しばらくの間ポピュリズムの風が吹く中での駆け引きが続くことになりそうだ。もっとも、風が嵐に変わる可能性は決して低くはないのだが……」と「ニューズウィーク日本版」に記していた。端的に自分の見立てがまったく甘かったと思う。ポピュリズムの風は確かに吹いた。だが、それは嵐になるどころか微風になってしまった。左派ポピュリストとしての山本太郎の勢いは落ちていき、政党としての「れいわ」は曲がりなりにも政党として生きてはいるが、かつてのような熱狂的な期待の物語を背負っている存在ではない。あいかわらず山本太郎は総理を目指すという目標はおろしていないし、おろすべきとも思わないが、熱心な支持層を除いて、野党再編の中心的人物であるという見解ですら頷くものはいないだろう。

かつて吹いた風は嵐どころか微風になった。それではポピュリストが「誤った答え」を導き出すというシンプルな解に戻ったほうが良さそうだ。山本でいえば、彼が問題解決に導く方法として提示した「一発逆転のエンターテインメントとしての選挙」という解に間違いがあった。

れいわ以後もポピュリズム的な路線を取る小政党はいた。例えば、参政党がそうだ。彼らは反新型コロナワクチン、「日本の伝統を大切にする『子供の教育』」「無農薬栽培や化学物質に頼らない医療などを推進する『食と健康』」「外資規制の法制化、外国人労働者の増加抑制、外国人参政権の不認定などの『国まもり』」を標榜した。反ワクチン、親エコロジー、右派的思想のミックスという一見するとよくわからない政策をまとめた党の中心であり、参院議員に上り詰めた男の名は神谷《かみや》宗幣《そうへい》という。

神谷の名前は大阪府吹田市議時代から知っていた。ちょうど私が、大阪社会部に籍を置いた時期に、新進気鋭の改革派として名前が挙がっていたことを覚えていた。２０１

2年の衆院選では、落選こそしたが大阪13区で自民党からの出馬までこぎつける。そのくらいの注目株ではあったのだ。久しぶりに名前を見て、懐かしさと同時に、驚きもした。まさかあの神谷元市議なのか、と。当時の印象ベースではあるが、とにかく名前を売り込むことに必死だった「神谷宗幣」とはおよそかけ離れている主張がそこにあったからだ。

参政党はYouTubeを中心に広まった。それも参政党としての公式動画が拡散しただけでなく、勝手に動画をとって、勝手に配信する支援者が勝手に増えていくという2020年代らしい支持の広がり方で存在感を勝ち得た。発足からわずかなあいだで万単位で党員・サポーターを拡大させたことで注目を集めた。神谷は力を込めて訴えていた。

「実際に貧しくなっているでしょ、子供が減っているでしょ。自民党や公明党はその責任をとっているんですか？　どんどん国民を疲弊させている。このままでは国民が三流国の極貧民族になる」「既成政党は真実を伝えないマスコミと談合している」

「新型コロナでマスクもワクチンもいらない」という主張を繰り出していたが『子供たちに伝えたい「本当の日本」』なる彼の著作（青林堂、2019年）には「僕はこれまでの学びの中で、人間は自然の一部で、より自然にシンクロした方が、地球や宇宙にあるより多くの知恵を生かすことができるということを学んだ。直感なんてまさにそれだし、スピリチュアルなメッセージなんかも全てはそこに繋がってくるだろう。そして、知恵が降りてくるのは腹の部分で、腸とか丹田のあたり。だから、食事やデトックスで腸をクリアにして、武道などで丹田を鍛えておくといいということになる。できるだけ自然に近い場所で、のびのびと子供を育てる方がいいといったのは、こうしたことを前提に考えているということも、ここで改めて理解してもらえたら嬉しい」といった言葉が並ぶ。

参政党を批判する人々は神谷の言葉を、オーガニックが好きな人々を狙いに取りにいくための方便だと語っていたが、私にはそうは思えなかった。彼自身も無農薬の野菜が好きで、ワクチンに対しても強い疑義を本心から持っている。あれだけ力を込めて語るには、自分の中に確信がなければいけない。実際に神谷は私との対談の場でこう語っている。

山本太郎

「オーガニックなものがいいと僕も思っています。そのために移住までしたんですから。新型コロナのワクチンは僕も一回も打っていないし、家族も打っていない。食とワクチンで共通するのはケミカルなものであること。そういうものを盲信するのは良くないと思っている」

しっかりと話すのは初めてではあったが、印象は決して悪くはなかった。彼の根底にあるシンプルな価値観に触れることができたからだ。主張を貫いているのは〝反化学物質〟である。多くのポピュリストが「反～～」を標榜して登場してきたように、彼は広い意味で反科学を標榜してあらわれた。

正しい問いを見出すとするのならば、新型コロナ禍で一気に広まったワクチン接種の動きは正しかったのか、という点はありうるだろう。実際に疑義は広まったからだ。ただし、彼が打ち出す答えが正しいとも言えない。

食とワクチンを安易に結びつけて語るのは明らかに短絡的だし、参政党が掲げる主張のいくつかはおよそ科学的に立証されているとも言えないからだ。とはいえ、彼らの主張を支持する層が一定数いることは容易に想像できる。いうなれば参政党が投げかけている問いは、科学技術をそこまで信じていいのだろうかという一点にある。進歩が著しい農薬をつかった野菜よりも無農薬の野菜のほうが安心であるとは一概に言えないし、有機農法のほうが環境に負荷がかからないとも言えないが、そちらのほうが好きだという〝感情〟は理解できないこともないからだ。

本当の問いは現実を受け止めた先にある。一時は「参政党現象」とも称されたが、その後に一体何が起きたかといえば、内紛と組織としての機能不全の露呈により政党として支持拡大ができていないという現実だ。

れいわも同様である。彼らは全国でおおよそ100万票を獲得すれば比例で1議席が取れる参院選、衆院選の比例ブロック、あるいは同じ選挙区から多数が当選する地方選という制度が生み出した政党にすぎない。彼らが議席を獲得したからといって、何かが変わったのか。個別に見れば小さな変化はあるかもしれない。あるいは「こんな言動の国会議員がいるのか」という呆れや政治への諦念が生まれることがあったかもしれない。だが、大勢にはなんら影響がなかった。参政党が数議席を取ろうが新型コロナ対応の方針は変わらず、れいわが議席を増やそうが減らそうが一貫して彼らは野党の中心には立てずに消費税減税の足並みを揃えることすらかなわない。やや突き放した見立てになってしまうが、彼らの存在は左派ポピュリズムが好きな国民、反化学物質や新型コロナワクチンに疑義を抱いている国民が一定数いることの表れでしかない。

「反マスメディア」「反LGBTQ」「反左翼」「反右翼」……何を標榜しても辿る道は同じになるように思える。すなわち一部の熱狂やSNSを見て「ここに本当の世論がある」と叫び、自分たちの主張を取り上げないニュースを嘆く。自分たちの主張の拙さを棚にあげる。彼らはメディアをにぎわす「一発屋」のようなものだが、一発がないままに去っていく政治家よりははるかに際立った個性がある。しかし、一発ではやがて支援者のあいだにも違和感がやってくる。最初期の一発は大切なことまでは認めるが、政治家の本当の力量は一発で惹きつけた先に試されるものだ。

メディアは一発の大きい花火に注目するが、華々しく散った後には何も注目しない。ポピュリズム一本でほとんど革命に近いダイナミックな変化を叫ぶよりも議会の中で継続的に活動し、小さな花火を打ち上げながら政党として成長を目指したほうが変革に近づくのだが、それはムーブメントとは縁が遠くなり、やがて普通に議会にいる一派になることを意味する。

コアな支持者を手放すリスクを負いながら、綱渡りのような組織運営ができるのか……。多くのポピュリストたちは地道さを嫌い、常に大きな花火を打ち上げようとするが中途半端なものでは支持者を刺激することすらできない。組織を強くしていくという方向を取ることもできるが、それはポピュリストから「政治家」への変化となり、普通の存在になる。結果、魅力が薄れて社会から忘れられていく。幾度となくみたその時々の「新党」や「新しい政治家」の成れの果てだ。

いずれにせよ、「新しい政治家」像は時限つきで、どこかで変化がやってくるものだ。山本も変化のときを迎えている。56人もの候補者が乱立した2024年の東京都知事選を「静観する」と公言し、候補者も擁立せず、リベラル系候補の支援にもいかず、熱心な地方行脚に勤しんでいた。独自候補を立てたところで当選の見込みは薄く、特定候補の支援に回れば利用されるだけで終わる。かつてあれだけ選挙は「フェス＝祭り」だと語っていたが、そんな判断で目先の選挙に加わることなく都市部以外の足場固めに勤しむのはポピュリストというより、ごくごく普通の政治家の活動だ。

彼もまた見方によっては徐々にポピュリズム色が薄まっていく「普通の左派政党の政治家」としての道を着実に歩んでいると取ることもできるのだ。

したがって、私の見解はこう訂正されることになる。

ポピュリズムの風は選挙によって定期的に吹くが、じきに新しい存在があらわれる。彼らは「時の人」になるが、やがて古くなる。私たちにできることといえば、風に右往左往しないということに尽きるだろう。彼らの勢いはすぐ収まってしまうか、やがて変化しなければいけないのだから。

エピローグ　思慮深さを失わないために

意外なほどに演説はぱっとしない。

それが2024年東京都知事選に立候補し、「政治屋を一掃したい」とまったくの無印から約166万票を集め、3選を果たした小池百合子の次点につけた石丸伸二の印象だった。

広島県安芸高田市長しか行政経験がない石丸が票を伸ばしたことは、社会的にはかなり驚きをもって受け止められていたが、私はむしろ東京都知事選におけるクラシックなパターンの強さを再認識させられたという評価が適正ではないかと考えていた。

市長時代の石丸は「恥を知れ」という言葉を使い、市議会との対立構図を作ったことが最初に注目されたが、既成政党への不信感に訴えかける言葉自体に新しさは何もない。

むしろ、1967年の東京都知事選で左派を中心に擁立された美濃部亮吉も使った「政党色、組織色を消す」「特徴的イメージを作る」というクラシックなパターンを新しいメディアを使ってなぞっているにすぎない。発信に使ったのがＹｏｕＴｕｂｅ、あるいはＳＮＳだということは新しいかもしれないが、支持される構造そのものはむしろ「ど」がつく定番のそれである。

興味深かったのは、彼が出陣式をやるという渋谷駅に集まった支持者の年齢層が意外なほど高かったことだ。1984年生まれの私と同世代かそれ以下は目立つほどに少なく、中心にいたのはむしろ高齢層だった。それも当然と言えば当然のことで、Ｗｉｎｄｏｗｓ95が発売され、多くの人にとってインターネットが身近な存在となった1995年をインターネット元年とするのならば、当時の若者はすでに50代以上で、石丸が主戦場としたＹｏｕＴｕｂｅは身近なメディアになっている。インターネット＝若者向けメディア、という認識がそもそも古くなっているということくらいしか指摘できる要素はないのだ。そこで突きつけられたのは、インターネットというメディアが革新的なツールだった「夢」が完全に終わったという現実だろう。

建前ばかりが達者な〝小ポピュリスト〟たちの祭典――それが2024年の東京都知

事選だった。悪い意味でついにここまできたかと思った有権者は少なくないだろう。「選挙をフェスにする」。かつて左派・リベラル系の候補者が前面に押し出したスローガンを臆面もなく使ってみせたのは政治団体「NHKから国民を守る党」の立花孝志である。史上最多、56人が立候補した2024年の東京都知事選だが、実際に中身を見てみるとなんてことはない。彼らが擁立した候補者が24人も含まれている。

首都のリーダーを決める都知事選は一首長選でありながら、メディア露出の機会は国政選挙並みに多い。当選を第一の目的としないような泡沫候補が集まるには合理的な理由があるが、取り巻く状況はより悪い方向に流れているとみるべきだろう。立花は選挙ポスターの掲示板に貼る権利を販売すると言い、最大の狙いはNHKの政見放送の時間を供託金300万円で〝買う〟ことだと堂々と語ってみせた。権利の売買がうまくいけば、たとえ供託金が没収されても、元が取れるということだ。結局のところ、立花らが取り組んでいたのは「選挙」というよりも、泡沫候補によるインターネットも含めたメディアジャックに投資をする、政治のビジネス化だ。

こうした思考をより推し進めていった先に今回の都知事選がある、と読み解くと混乱がクリアに見えてくる。当選度外視の立候補を公言する政治団体にとって選挙は名前を売る手段にすぎない。政見放送や選挙運動で奇抜な行動を繰り返し、SNSで話題になれば上出来という発想で〝宣伝〟と〝投資〟に振り切る。最終的な狙いは話題作り一発で議席が狙える参院選、地方選での当選だ。

立花に触発されるように、泡沫候補たちもあの手この手で目立つ方策を考えだし、表現の自由すらも建前に使い「悪名は無名に勝る」とばかりにほぼ全裸の女性ポスターまで掲示する輩も現れるに至った。民主主義の根幹にある、誰もが立候補できる権利を建前に使う選挙戦の極北は、インターネットを主戦場にして特定の候補者を追い回し、大音量のヤジで街頭演説の妨害をする者まで現れた24年の衆院東京15区補選にあったと思っていたが……。悪い方向に流れている根底にあるのは、選挙で目立ってやろうという行為だけでなく、選挙が盛り上がることが重要であるという「選挙フェス」的な発想そのものだというのが私の見立てだ。

「選挙フェス」の源流は、直近でいえば2013年参院選に立候補した三宅洋平だ。私も当時取材していたが、選挙フェスと称してレゲエを演奏しながら脱原発などを語った三宅の選挙は確かに斬新ではあった。今から振り返れば、彼の言葉は単に感情に訴えかけるだけのチープなもので具体的な政策もなかったが、「反安倍晋三政権」を訴える左派・リベラル系著名人や知識人を中心にした支持を獲得していた。

その後、演説会に「祭り」という言葉を多用したのは、一時、三宅とも共闘したれいわ新選組の山本太郎だった。「生活が苦しいのを、あなたのせいにされていませんか？ 努力が足りなかったからじゃないか？ 違いますよ。間違った自民党の経済政策のせいですよ」と「上」と「下」の対立構図を作り上げながら、彼は国政選挙でも20年の東京都知事選でも選挙という祭りの主役になろうとした。

一時の感情や共感をフックにして選挙を音楽フェスのように盛り上げて逆転の可能性に賭ける、もしくは自分の名前や主張を世に知らしめる。こうした手法はポピュリズムと相性がいい。イデオロギーを根幹に据える政治家が体系的な思想に基づいた「主義」で世界を捉えていくのに対し、本書で取り上げた「嫌われ者」たちはしばしば世界の見方を単純化し、その単純化された世界の主人公として登場する。

本書の繰り返しになるが既成政党や官僚、メディアを既得権益側と位置付け、「持たない者」との対立構造を争点に据えること。こうした構図作りは必ずしも悪ではない。ポピュリストは大衆の隠された意志、言語化されない思いを具現化する存在であり、既成政党や政治家への不満を突きつけるからだ。だが、同時にこう問う必要はある。

東京都知事選に限らず「政治を盛り上げたい」と口にする候補者は少なくないが、盛り上げた先にどのような社会を構想しているのか。それがまったく見えてこないことに問題の本質が宿る。そこから見えるのは広範なポピュラリティーの獲得というよりも、より小さな内輪受けレベルを超える主張がない候補者が乱立する現状だ。

「今の政治がオワコン」だと言うのは良い。では、どう変えていくのか。吉村洋文のように「若者」はいずれ年を重ねて実績を積んだベテランとなり、維新のように新風を吹き込むかのように見えた〝新党〟も歴史を重ねれば「既成政党」へと変化する。一時的に既成政党への不満が高まっているように見えても、国政選挙で意思を問えば歴史のない政党が勝てるチャンスはかなり少ない。多数派を形成することこそが政治の要である以上、地道に実績を積み重ねることでしかチャンスはやってこないのだ。したがって、内輪受けを重視する人々の訴える建前は、話半分で受け止めるくらいでちょうどいいというのが私の結論である。選挙は一時の祭りや「フェス」ではない。地味で、退屈な日頃の政治活動の延長に位置づくものだ。

本書で取り上げた「嫌われ者」たち、そして彼らを生み出した構造はこの先も社会を騒がせる。さらに極端な言説を唱える人々、分断を煽る人々が新しく登場してはざわつかせるだろうが、極論に流されて、冷静さと思慮深さを失ってはいけない。私が彼らを追いかけながら辿り着いた、たった一つの大切な教訓である。

本書は多くの人の協力で完成した。登場する人々を含め、取材を受けてくれたすべての方に大きな感謝を捧げたい。現実を描くノンフィクションは取材先がなければ完成しないのだから。本書のベースになったルポルタージュは「文藝春秋」で担当してくれた西本幸恒さん、稲田勇夫さん、中村雄亮さん、佐藤歩由さん、「ニューズウィーク日本版」で担当してくれた澤田知洋さん、長岡義博さんの協力で完成した。取材段階からの適切なアドバイスによって、ルポは初稿以上に充実したものになった。書籍は新潮社の後藤裕二さん、猪塚真希さんによるサポートによって完成した。私が積み上げてきた仕事は点から線を結ばれ、一冊の本という形になった。編集者の力があって本書がある。彼らに感謝を捧げたい。

私の仕事は過剰なまでに情報が流れ続ける最中にあって、それでもなお思慮深くあることを諦めていない読者のためにあるように思う。できる限り多くの人と分かち合いと願っている。

2024年、真夏のピークが去った初秋に。　石戸諭

●**主要参考文献**（登場する人物たちの著作はすべて読んでいるが、特に参考にしたもののみを記す）

玉川徹

・カス・ミュデ、クリストバル・ロビラ・カルトワッセル著／永井大輔、髙山裕二訳『ポピュリズム：デモクラシーの友と敵』（白水社、2018年）
・玉川徹『ニッポンの踏み絵：官僚支配を駆逐する五つの改革』（幻冬舎新書、2012年）
・玉川徹『税金返せ！』（新潮社、2004年）
・玉川徹『うちの子を「官僚」に育てる26の格言』（セブン&アイ出版、2015年）

西野亮廣

・『別冊カドカワ【総力特集】西野亮廣』（カドカワムック、2020年）
・西野亮廣『ゴミ人間：日本中から笑われた夢がある』（KADOKAWA、2020年）
・西野亮廣『新世界』（KADOKAWA、2018年）
・西野亮廣『革命のファンファーレ：現代のお金と広告』（幻冬舎、2017年）
・西野亮廣『夢と金』（幻冬舎、2023年）

・西野亮廣『グッド・コマーシャル』（幻冬舎、2010年）
・にしのあきひろ『Dr．インクの星空キネマ』（幻冬舎、2009年）
・にしのあきひろ『えんとつ町のプペル』（幻冬舎、2016年）
・にしのあきひろ『チックタック～約束の時計台～』（幻冬舎、2019年）

ガーシー

・伊藤喜之『悪党：潜入300日　ドバイ・ガーシー一味』（講談社＋α新書、2023年）
・ガーシー（東谷義和）『死なばもろとも』（幻冬舎、2022年）
・大谷行雄「元赤軍派の私がガーシーを擁護する理由」『情況』2023年春号収録
・立花孝志『ぶっ壊す力』（repicbook、2020年）
・秦正樹『陰謀論：民主主義を揺るがすメカニズム』（中公新書、2022年）

2022年の旧統一教会

・文鮮明『平和を愛する世界人として：文鮮明自叙伝』（創芸社、2009年）
・梶栗玄太郎著、梶栗惠李子編『わが、「善き闘い」の日々：自叙伝：遺稿』（世界基督教統一神霊協会、2013年）
・瓜生崇『なぜ人はカルトに惹かれるのか：脱会支援の現場から』（法藏館、2020年）

・西田公昭『マインド・コントロールとは何か』（紀伊國屋書店、1995年）
・中北浩爾『自民党：「一強」の実像』（中公新書、2017年）
・山口広『検証・統一教会＝家庭連合：霊感商法・世界平和統一家庭連合の実態』（緑風出版、2017年）
・櫻井義秀、中西尋子『統一教会：日本宣教の戦略と韓日祝福』（北海道大学出版会、2010年）
・仲正昌樹『統一教会と私』（論創社、2020年）
・村松岐夫、伊藤光利、辻中豊『戦後日本の圧力団体』（東洋経済新報社、1986年）

吉村洋文

・善教将大『維新支持の分析：ポピュリズムか、有権者の合理性か』（有斐閣、2018年）
・善教将大『大阪の選択：なぜ都構想は再び否決されたのか』（有斐閣、2021年）
・伊藤昌亮『ネット右派の歴史社会学：アンダーグラウンド平成史1990‐2000年代』（青弓社、2019年）
・稲増一憲『マスメディアとは何か：「影響力」の正体』（中公新書、2022年）
・山本健太郎『政界再編：離合集散の30年から何を学ぶか』（中公新書、2021年）

主要参考文献

山本太郎

・山本太郎著、雨宮処凛取材・構成『僕にもできた！　国会議員』（筑摩書房、2019年）
・山本太郎著、木村元彦・雨宮処凛取材・構成『#あなたを幸せにしたいんだ：山本太郎とれいわ新選組』（集英社、2019年）
・牧内昇平『「れいわ現象」の正体』（ポプラ新書、2019年）
・シャンタル・ムフ著／山本圭、塩田潤訳『左派ポピュリズムのために』（明石書店、2019年）
・『ele-king 臨時増刊号　山本太郎から見える日本』（ele-king books、2020年）

石戸　諭　1984年、東京都生まれ。

立命館大学法学部卒業後、毎日新聞、BuzzFeed Japanの記者を経て、ノンフィクションライター。

著書に『ルポ　百田尚樹現象』『東京ルポルタージュ』など。

Ⓢ新潮新書

1065

「嫌《きら》われ者《もの》」の正体《しょうたい》
日本《にほん》のトリックスター

著者　石戸《いしど》　諭《さとる》

2024年11月20日　発行

発行者　佐藤隆信

発行所　株式会社 新潮社
〒162-8711　東京都新宿区矢来町71番地
編集部(03)3266-5430　読者係(03)3266-5111
https://www.shinchosha.co.jp
装幀　新潮社装幀室

印刷所　錦明印刷株式会社
製本所　錦明印刷株式会社

ISBN978-4-10-611065-8　C0230